KİŞİSEL ATALETİ YENMEK

MÜMİN SEKMAN, Kişisel Gelişim ve Sosyal Başarı türünde kitapların yazarıdır. Kitapları:

1. Ya Bir Yol Bul ya Bir Yol Aç ya da Yoldan Çekil (9. baskı)
2. Kesintisiz Öğrenme (7. baskı)
3. Türk Usulü Başarı (6. baskı)
4. Başarı Üniversitesi (7. baskı)
5. Kişisel Ataleti Yenmek (8. baskı)
6. Çevik Şirketler (5. baskı)
7. Her Şey Seninle Başlar (5. baskı / 350.000 adet)

Kişisel Gelişim Merkezi'nin (KİGEM) kurucusudur. Kigem.com Türkçe'deki ilk kişisel gelişim sitesidir. Kişisel gelişim ve sosyal başarı seminerlerine bugüne kadar 52.000'den fazla insan katıldı. Çocuklar Duymasın dizisinin senaryo danışmanlığını yaptı.

Ayrıca liderler, starlar ve işadamlarına özel danışmanlık yapıyor. Başarılı olmanın "öğrenilebilir" olduğuna inanıyor. Türkiye'de kendini geliştirme bilincini yaygınlaştırmayı kişisel misyonu sayıyor.

Mümin Sekman İstanbul'da doğdu. Ankara Üniversitesi Hukuk Fakültesi'ni bitirdi. Hukuk alanında kariyer yapmadı. Türkiye'de "kişisel gelişim uzmanı" meslek adını tanımlayan ve kullanan ilk kişidir.

www.muminsekman.com
www.kigem.com

KİŞİSEL ATALETİ YENMEK

MÜMİN SEKMAN

Alfa Yayınları **1646**
Kişisel Gelişim **48**

KİŞİSEL ATALETİ YENMEK

Mümin Sekman

1. Basım : 2001
8. Basım : 2006
10. Basım : Şubat 2007
12. Basım : Temmuz 2007

ISBN : 975-316-949-3

Yayıncı ve Genel Yayın Yönetmeni M. Faruk Bayrak
Yayın Koordinatörü ve Editör Rana Gürtuna
Pazarlama ve Satış Müdürü Vedat Bayrak
Kapak Tasarımı Hülya Alkan

Alfa Basım Yayım Dağıtım Ltd. Şti.
Ticarethane Sokak No: 53 Cağaloğlu 34410 İstanbul, Türkiye
Tel: (212) 511 53 03 - 513 87 51 - 512 30 46 Faks: (212) 519 33 00
www.alfakitap.com
info@alfakitap.com

Baskı ve Cilt
Melisa Matbaacılık
Çiftehavuzlar Yolu Acar Sanayi Sitesi No: 8 Bayrampaşa - İstanbul
Tel: (212) 674 97 23 Faks: (212) 674 97 29

"Ve bir tomurcukta sımsıkı kalma riskinin,
çiçek açma riskinden çok daha acı verdiği gün geldi."
Anais Nïn

İÇİNDEKİLER

GİRİŞ

Yeni yüzyılda

...Sigarayı bırakma ve çocuklarınıza daha fazla zaman ayırma konusunda en az bir milyon kez söz verip tutamayacaksınız... Gazetelerin hafta sonu eklerinde aslında serüvenci bir kişiliğe sahip olduğunuzu görüp sevineceksiniz... Saçını boyayan erkeklere hak vermeye başlayacaksınız... Şehir dışında yaşamak konusunda ciddi ciddi planlar yapacaksınız... Çocuklarınızın âşık olduklarını görüp bu garip ruh hallerini bir yerlerden hatırladığınızı fark edeceksiniz... Eşinizin doğum günlerini son anda hatırlayacak, evlilik yıldönümlerini ise kesinlikle unutacaksınız... Eski dostlarla oturup siyasi meseleleri tartışırken üçüncü kadehte çoktan memleketi kurtarmış olacaksınız... Velhasıl hayat, insanı insan yapan bütün renkleriyle her zamanki gibi akıp gidecek ve bazı şeyler hiç değişmeyecek.

Bu metin Tansaş mağazalarının yeni binyıla girerken reklam amacıyla gazetelere vermiş olduğu "milenyum mesajı" idi. Reklam yayınlandıktan sonra pek çok kişinin işyerindeki "mesaj panosunda" yerini aldı. Acaba bu metin insanların ruhundaki hangi tuşa dokunmuştu? Bu metnin bu kadar sahiplenilmesini sağlayan neydi?

Size tanıdık geliyor mu?

Banu Hanım, fazla kiloları olduğunu ve bunları vermesi gerektiğini bilmektedir. Bu kilolardan kurtulursa neler kazanacağını, ne kadar güzel ve sağlıklı olacağını da bilmektedir. Kiloları vermemiş olmakla neler kaybettiğini de bilmektedir. Bu kiloları vermeyi gerçekten istediğini de düşünmektedir. Elinde onlarca derginin verdiği "fazla kilolardan kurtulmanın denenmiş yolları"nı anlatan rejim listeleri de bulunmaktadır. Ancak Banu Hanım bir türlü bu kilolardan kurtulamamaktadır! Sanki görünmez bir kuvvet onu engellemektedir. Soru: Banu Hanım'ı durduran nedir?

Büyük bir şirketin yöneticilerinden Tunç Bey, işinin gereği mutlaka İngilizce öğrenmesi gerektiğini bilmektedir. Bu hedefini gerçekleştirirse neler kazanacağını da bilmektedir. İngilizce'yi öğrenmemiş olmakla neler kaybettiğini de bilmektedir. Bu dili öğrenmeyi gerçekten istediğini de düşünmektedir. Eğer harekete geçerse İngilizce'yi öğrenmeyi başarabileceğine de inanmaktadır. Ancak Tunç Bey bir türlü İngilizce öğrenmeyi başaramamaktadır! Sizce Tunç Bey'i durduran ne?

Bir kişinin gerçekten "yapması gerektiğini" düşündüğü, niçin yapması gerektiğini bildiği, nasıl yapabileceğini öğrendiği, yapmayı istediği, yapabileceğine inandığı, yaparsa ne kazanacağını ve yapmamakla ne kaybettiğini bildiği bir iş hakkında hiçbir şey yapmadan durması neyi gösterir? Verdiğimiz örneklerdeki kişileri durduran şey nedir?

Tüm bu soruların cevabı tek bir kavramda gizlidir: ATALET!

Başarı ataleti kavramını nasıl keşfettim?

Yıllar önce uzun süre bir soruyu kafamda çevirip durdum. Soru şuydu:

İnsanların çoğunluğu aslında hayatta başarılı olmak için neler yapmaları gerektiğini gayet iyi biliyorlar. Başarılı olamadıkları için neler kaybettiklerinin, ne acılar çektiklerinin de farkındalar. Başarılı olurlarsa neler kazanacaklarını, ne kadar mutlu olacaklarını da biliyorlar. İsterlerse nasıl başarılı olacakları ile ilgili de pek çok şey biliyorlar. Sorduğumda başarılı bir insan olmayı istediklerini de söylüyorlar. Peki neden bu insanlar başarılı olamıyorlar? Niye bu ülke hâlâ "kaybedenlerin" ülkesi? Neden başarılı, mutlu ve halinden memnun insanların genel nüfusa oranı yüzde 10 bile değil?

Beynimin bütün arama motorları bu sorunun cevabına kilitlenmiş bir halde yaşarken, bir gün bir otel odasında, vereceğim seminer için konuşma saatimin gelmesini beklerken aradığım cevap geldi! İnsanları durduran, onları ellerinden gelenin en iyisi yapmaktan alıkoyan, yaşayabilecekleri en iyi hayatı yaşamalarına engel olan şey "atalet" halinde yaşamaları idi.

Tutkuyla salona girdim. Kürsüye çıkıp gözlerimi dinleyicilerin üzerine diktim. Önce onlara kafamı uzun süre meşgul eden o soruyu sordum. Grup anaokulu çocukları gibi, uyumlu ve "kendiliğinden" aynı yanıtı veriyordu.

- *Hayatta başarılı bir insan olmak istiyor musunuz?*
- *Grubun toplu cevabı: "Eveeet!"*
- *Peki başarılı olmak için neler yapmanız gerektiğini biliyor musunuz?*
- *Grubun toplu cevabı: "Eveet!"*
- *Peki başarılı bir insan ya da iyi bir çalışan olmadığınız için neler kaybettiğinizi, başarısızlığın size nelere mal olduğunu biliyor musunuz?*
- *Grubun toplu cevabı: "Eveeet!"*
- *Peki, başarılı bir insan ve üstün performanslı bir çalışan olmanın size neler kazandıracağını biliyor musunuz?*
- *Grubun toplu cevabı: "Eveeet!"*
- *Peki, demek neyi başarmak istediğinizi, niçin başarmak istediğinizi, isterseniz nasıl başarılı olabileceğinizi, başarılı olmamakla neler kaybettiğinizi, başarılı olunca neler kazanacağınızı biliyorsunuz. O halde bütün bunları yapmak için niye harekete geçmiyorsunuz? Bildiklerinizi niye uygulamıyorsunuz? Niye gelebileceğiniz en iyi yerde değilsiniz? Niye hâlâ şirketiniz zarar ediyor?*

Yöneticilerden oluşan grup derin bir sessizliğe gömüldü. Benim için de sıra dışı bir andı. Grup gergin, şaşkın ama hırslanmış bir haldeydi. Sessizliği yeni bir soruyla bozdum: *"Sizce ne yapması gerektiğini bilen, niçin yapması gerektiğini bilen, nasıl yapabileceğini bilen, yapmamakla ne kaybettiğini ve yaparsa ne kazanacağını bilen, ama yine de hiçbir şey yapmayan bir insanı eyleme geçmekten alıkoyan nedir? Onu durduran nedir?"*

Sonunda "büyük sırrı" açıkladım: "Sizi durduran şey ATALET! Sadece sizi değil, milyonlarca insanı, binlerce şirketi, onlarca ülkeyi de durdurun şey atalet. *Atalet bir kişinin, kurumun ya da toplumun yapması gereken bir işi yapması gereken zamanda, yapması gereken yerde ve yapması gerektiği gibi yapmamasıdır.* Atalet içerisindeki bir kişi, bir işi mutlaka yapması gerektiğini bilmektedir. Bunu yaparsa neler kazanacağını da bilmektedir. Yapmamakla neler kaybettiğini de bilmektedir. O işi yapmayı da istemektedir. En azından sorulduğunda istediğini söylemektedir! Eğer yapmaya başlarsa nasıl yapabileceğini de bilmektedir. Ancak yine de yapmamaktadır!"

Cevabım meraklarını iyice kışkırtmıştı.

Atalet, fizik biliminde yaygın olarak kullanıldığı halde, ortalama insanların bildiği bir kavram değildi. Nesnelerin *fiziksel ataleti* üzerine çok sayıda kitap vardı ama insanların *psikolojik ataleti* üzerine bir şey yazılmamıştı. Balıkların içinde yüzdükleri denizi algılayamaması gibi, atalet içerisinde yüzen insanların çoğu da atalet kavramının farkında değildi.

İlk önce "Atalet kelimesi ne demek?" sorusu geldi. Açıklamaya çalıştım: "*Atalet teknik anlamda eylemsizlik, durağanlık, hareketsizlik demektir. Gündelik dilde tembellik, ağırkanlılık, yılgınlık, yavaşlık, hantallık gibi kelimelerle ifade edilir. Üzerine ölü toprağı serpilmiş gibi hareket etme, 'yumurta kapıya gelmeden harekete geçmeme' gibi deyimler ataletliler için çokça kullanılır. Kısacası ataletliler, hayatı ağır çekim filmlerdeki gibi yaşayan insanlardır!*" Bu cevaptan sonra bir anda soru yağmuruna tutuldum: "Atalet nasıl oluşur?", "Ataletten nasıl kurtulunur?", "Ataletten başarıyla kurtulan örnekler kimler, onlar neler yapmış?", "Bu konuda hangi kitapları okuyabiliriz?"

Başım beladaydı!

Çünkü soruların cevabını tam ve net olarak zihnimde kesinleştirmemiştim!

Kendi ataletlerimle mücadele programım

Seminerden döndükten sonra ataleti yenmek konseptini önüme gelene anlatmaya başladım. Anlattığım kişilerin sarsıldığını görmek doğru yolda olduğumu gösteriyordu. *Atalet kavramının farkında olmaları bile, birçoğunda ataleti yenme sürecini başlatmaya yetiyordu.*

Tekniği kendi hayatıma da uygulamaya başladım. Kendi ataletlerimi uzun uzun düşünüp sıraladım. *Yıllardır yapmayı istediğim, istersem nasıl yapabileceğimi bildiğim ama bir türlü yapmadığım şeyleri düşündüm. Gelecekteki başarılarım için önemli olan ama aciliyeti olmadığı için hep ertelenen projeleri sandıktan çıkardım.*

En çok istediğim, yapmam gereken ama bir türlü ilk adımı atamadığım şeyin, birkaç aylığına bir sahil kasabasında "inzivaya çekilmek" olduğunu keşfettim. Çünkü başkalarını geliştirmeye çalışmaktan, kendimi geliştirmeye zamanım kalmamıştı! Sadece okumak, düşünmek, kendimi gözlemlemek, amaçsız ve programsız bir şekilde hayatı "gelişine" yaşamak istiyordum.

Kendime yeni bazı sorular sormak, diri ve duru bir zihinle yeni cevaplar bulmak istiyordum. *Bir sorunun cevabını kesintisiz bir şekilde bir hafta boyunca düşünebileceğim, yavaş ama derin bir hayat yaşayabileceğim bir dönem istiyordum.* Bu inziva sürecine "sine-i fikre dönmek" adını vermiştim. Bu dönemde büyük işler başarmak değil, büyük fikirler bulmak istiyordum.

Bunu yaşamam gerektiğini yıllardır düşünüyordum. Ancak bunu yapmak için eyleme geçmiyordum. Çünkü aynı anda hem Türkiye'nin ilk Kişisel Gelişim Derneği'nin kurucu başkanı, hem bir danışmanlık şirketinin yöneticisi, hem de bir yayınevinin ortağıydım. Seminerler nedeniyle bir ay sonra nerede olacağım bile belliydi. Hayatını iş dünyasının taleplerine göre biçimlendiren, "sanayi tipi Türk" dediğim, mesai saati mahkûmlarına dönmüştüm! Ben de onlar gibi koşuşturmaktan durup düşünmeye vakit bulamıyordum. *Düşünemeyecek kadar hızlı yaşamaktan, yaşadıklarım üzerine fazla düşünemiyordum.* Benim mesleğim başarı ve hayat üzerine düşünmekti ama düşünemeyecek kadar çok yoğun bir programım vardı!

Bir gece saat 02.00'de ansızın yataktan fırladım. İstanbul'dan gitmek istiyordum. Normal biri için çok anormal bir durumdu! Sabaha kadar ne yapacağımı iyice planladım. Sabah sekreterime o güne ait bütün randevularımı iptal ettiğimi söyledim. Uçaklarda ücretsiz dağıtılan Türkiye haritasını önüme alıp kendime bir yer beğenmeye çalıştım! Aynı gün yola çıktım. Sonra deniz kenarındaki bir ilçeyi "ideal inziva yeri" olarak seçtim. Bir hafta içerisinde tüm sorumluluklarımı devretmiş ve İstanbul'dan taşınmıştım.

Ben bir "kentten kaçış"ın nasıl olacağını, insana neler hissettireceğini hep merak ederdim. Zirvedeki pek çok insan, ne zaman işinden sıkılsa "Bir gün çok para kazanıp, sahildeki bir balıkçı kasabasında bir çiftlik kurup domates ve çiçek yetiştirerek yaşayacağım!" der! Çok hareketli bir hayattan bu kadar pasif bir hayata geçiş doğrusu ilk başta ürkütücüydü. Ancak zamanla anlamlı ve düşünerek yaşamanın keyfini çıkardıkça "fikrin sinesinde" yaşamayı sevdim.

Bu ilk inzivamda 300'den fazla kitap bitirdim. Kendime sıra dışı sorular sorup sıra dışı yanıtlar aradım. Düşünce ve bilgi repertuvarımı istediğim gibi zenginleştirdim. O dönemde *ataleti yenmek* konseptinin teorik temellerini de oluşturdum, bu kitabı yazdım! Artık her beş yılda bir bazen yurtiçinde, bazen yurtdışında üç aydan az altı aydan çok olmamak kaydıyla "inzivaya" çekiliyorum.

Şimdi sıra sizde!

Ne olacak sizin bu haliniz?

Peki sizin hayatınızda neler oluyor? Sizin hayatta başarılı olmak için yapmanız gerekenler neler? Bunları yapıyor musunuz? Şimdi hayatınızı bir bütün olarak görmeye çalışın lütfen. Doğumunuz, çocukluğunuz, gençliğiniz, olgunluk çağınız, ihtiyarlığınız ve ölümünüz. *Hayatınızın yaşanılmış kısmını, şu anda yaşadığınız kısmını ve yaşanacak kısmını düşünün.*

Siz bunları düşünürken ben de size hayatınızın yönünü ve yolunu bulmanızı sağlayacak bazı sorular sormak istiyorum.

> *Kesin, net ve tam olarak kim olmak, neler yapmak, nasıl bir hayat yaşamak istiyorsunuz? Bu istediğinizi ne kadar zaman içerisinde, hangi bedeller karşılığında, nasıl elde edebilirsiniz? Sizin diğer insanlara göre daha iyi yapabileceğiniz işler neler? Hedeflediğiniz şeyi kesin olarak başarabilecek olsaydınız yarından itibaren ne yapardınız? Neden bunu hemen şimdiden yapmaya başlamıyorsunuz? Şu anda yaşadığınız hayattan memnun musunuz? Hak ettiğinize inandığınız bir hayatı mı yaşıyorsunuz? Düşlediğiniz hayatı yaşamak için daha ne kadar beklemeniz gerekiyor? Yaşamak istediğiniz hayat ile yaşadığınız hayat arasındaki farklar neler? Kendinizde ve hayatınızda hiçbir değişiklik yapmazsanız 10 yıl sonra nasıl bir hayat yaşıyor olacaksınız? Bugün yaptıklarınız 5 yıl sonra sizi nereye götürecek, siz nerede olmak istiyorsunuz? Hayatınız değişmeli ise, bunu siz yapmazsanız kim yapacak? Bugün*

yapmayacaksanız ne zaman yapacaksınız? Buradan başlamayacaksanız nereden başlayacaksınız? "Yarın bambaşka bir insan olacağım" diyorsanız, neden bugünden başlamıyorsunuz?

Tüm bu sorulara derin düşünce süzgeçlerinden geçmiş yazılı cevaplar verirseniz iç motivasyonunuz için gerekli dinamikleri harekete geçirebilirsiniz. Harekete geçireceğiniz iç dinamikleriniz ataletlerinizi dinamitleyecektir!

Yazar Ann Landers, *"Tanrı bize iki yuvarlak organ verdi. Biri oturmak, diğeri düşünmek için. Başarımız hangisini daha çok kullanacağımıza bağlı!"* diyor. Ben de bu fikre katılıyorum! Üst yuvarlağınızı (kafanız) kullanarak, alt yuvarlağınızı (kalçanız) rahat koltuklardan kaldırabilirseniz, başarılı bir hayat sizi bekliyor.

Hayatta gidebileceğimiz en ileri noktayı bir düşünün, sizi o noktaya götürecek olan yolu düşünün, o yolun nereden başladığını düşünün. Sizce hayatta gidebileceğiniz en ileri noktaya sizi götürecek yol nereden başlıyor? Ayağınızın ucundan! *Kalkmak ve bir şey yapmak lazım! Haydi başlayalım!*

ATALET NEDİR?

Hayatın asıl amacı bilgi değil, eylemdir.

Thomas Henry Huxley

Duralım efendiler biraz
Koşmayalım öyle delice
Yormayalım kalbimizi
Katmerlendirip gerdanımızı
Oturalım efendiler biraz
İsteyen dikilsin gönlünce
Çökelim biz yere şöyle bir
Açalım ağzımızı ilkin
Gerelim omuzlarımızı sonra
Giderek bayıltıp gözlerimizi
Esneyelim efendiler biraz

Aldırmayalım öyle üçe beşe
Yayalım göbeğimizi iyice
Dönelim sırtımızı işe, akla
Acıyan çıkmaz sonra halimize
Vakitken çocuklar büyükler henüz
Pinekleyelim pinekleyelim
Horlayalım efendiler biraz

Salâh Birsel'in "Pineklemeye Çağrı" adlı bu şiiri ataletli hayatı anlatır. Hayatı yarım elle tutarak yaşamayı seçenlerin sevdiği bir şiirdir. Tembelliğe yatkın insanların milli marşı da denilebilir.

Ataleti tanımak ataletten kurtulmanın ilk adımıdır. Bu nedenle ataletin ne olduğunun ve ne olmadığının iyi kavranması gerekmektedir. TDK sözlüğü ataleti "Tembellik, işsizlik, işsiz kalma, işlemezlik" şeklinde tanımlıyor. Daha doğrusu doğru düzgün tanımlayamıyor!

Atalet kelimesinin toplumda pek bilinmemesi ilginç bir durumdur. Kişisel, kurumsal ve toplumsal atalet denizinde yüzdüğümüz halde ataletin ne olduğunu bilmememiz anlamlıdır.

Atalet, kelime anlamı olarak "eylemsizlik hali" demektir. Atalet "atıl " kökünden gelir. Atıl kelimesi ise kullanılmayan potansiyeli, yani "atıl kapasite"yi ifade eder. Sosyal bilimlerde atalet, eylem yeteneklerindeki zayıflığı ifade eder. Harekete geçmeme, harekete geç geçme, ağırkanlı hareket etme gibi durumları ifade eder.

Gündelik dilde atalet halini ifade etmek için "tembellik", "miskinlik", "hantallık", "yılgınlık", "yavaşlık" gibi kelimeler yaygın olarak kullanılır. Ataletli hal ve kişileri anlatmak için "Üzerine ölü toprağı serpilmiş gibi hareket etmek", "Yumurta kapıya gelmeden harete geçmemek" gibi deyimler kullanılır.

Kitapta kullanılan "atalet hali" ile "ataletli duygusal durum + ataletli davranış" ifade edilmektedir. Ataletli zihniyet ile de "ataletli inançlar + ataletli düşünceler + ataletli duygular + ataletli davranışlar " denklemi ifade edilmektedir.

Ataletli olmak ne demektir? Ataletli olmak *atıl halde* yaşamaktır. Kendi en iyi halini bulmaya, elinden gelenin en iyisini yapmaya çalışmamaktır. Cemil Meriç'in ifadesiyle "uyku ile uyuşukluk arasında raks eden bir hayat" yaşamaktır. Ataletli hayat, isteksizlik ile yorgunluğun, tembellikle depresyonun, yavaşlıkla yılgınlığın "ortaya karışık" halde yaşanmasıdır.

Atalet iki şekilde karşımıza çıkar.

1. İnsanın ruhunu sararak onu eylemsizleştiren psikolojik atalet.
2. İnsan bedenini sararak onu hantallaştıran fizyolojik atalet.

Psikolojik atalet neyi engeller? Düşünülmüş şeylerin pratiğe dökülmesini engeller. İnsanların amaçlarını gerçekleştirmek için eyleme geçmelerini engeller. Yapılmış planları uygulamak için harekete geçmeyi engeller. İşlerin sürüncemede kalarak sonuçlanmasını engeller. *Donuk ve buzlanmış bir beyin ile yorgun ve yılgın bir ruhtan oluşan bir hayat kimyası içinde yaşamaya neden olur.* Psikolojik atalet sadece beyin sahibi canlı varlıklarda görülebilir ve ele geçirdiği canlının "ağırkanlı" olmasına neden olur. Psikolojik atalet, *bilincin atalet halini* tanımlar.

Cansız varlıklardaki atalet halleri

Nesneler iki temel hal içerisinde bulunabilirler: hareket hali ve atalet hali. Örneğin bir bilye ya yuvarlanıyordur ya da olduğu yerde hareketsiz duruyordur. En basit anlatımıyla bilyenin yuvarlanması hareket hali, olduğu yerde durması ise atalet halidir. Eşyaların atalet hali sayesinde eşyaları bıraktığımız yerde durur. Uzayda astronotların yaşadığı zorlukları hatırlarsanız, eşyaların atalet halinde olması hiç de kötü bir şey değildir!

Bir bilye olduğu yerde duruyorken bir dirence sahiptir. Bilyeyi durağan (ataletli) halden hareketli hale getirmek için bilyeye bir *kuvvet* uygulamak gerekir. *Bilye ise hareketsiz halini korumak isteyecek ve yeteri kadar güç etki etmediği sürece hareket etmeyecektir.* Örneğin saçınızın bir teli ile bilyeyi ittirmek onu harekete geçirmek için yetmeyecektir. İşte, bilyenin "eylemsizlik halini" korumak için gösterdiği bu "direniş"e atalet momenti denir. Bilye bu "hareketsizliğin gücü" sayesinde atalet halinin sürekliliğini sağlar.

TRAC'nin hazırladığı kılavuz dokümanda atalet şöyle anlatılıyor: *"Atalet, bir cismin herhangi bir harekete karşı koymasına denir. Mesela bir arabayı iterek yürütmeye kalksak, ilk harekete geçirmek için daha fazla güç sarf ederiz. Hareket ettikten sonra daha az bir kuvvetle yürütebiliriz. Arabanın bu ilk karşı koymasına, arabanın ataleti, eylemsizliği denir. Tabiatta hiçbir cisim bulunduğu hali terk etmek istemez. Duran bir cisim bir dış etki olmadan hareket etmek, yürüyen bir cisim de yine dış etki olmadan durmak istemez."*

Bedenimizin atalet halleri

Psikolojik atalet beynimizde, fizyolojik atalet bedenimizde oluşur. Eşyalarda görülen atalet haline, fiziksel atalet diyebiliriz.

Canlı varlıklarda görülen fiziksel atalet hali cansızlardan farklı olarak mutlak eylemsizlikten çok eylemlerdeki yavaşlığı ifade eder. Uzun süre hücre cezası almış mahkûmların hareketlerindeki belirgin hantallık ve yavaşlık fizyolojik ataletten kaynaklanır. Masa başı işlerin çoğalması fiziksel atalet sorunlarını da artırmaktadır. Örneğin atalet hakkında bir kitap yazmak için uzun süre bilgisayar başında oturmak zorunda kalmak fiziksel atalet yaratmaktadır!

Fizyolojik ve psikolojik atalet birbirini besler. Fizyolojik atalet, psikolojik atalet yaratır. Psikolojik atalet de fizyolojik ataleti besler. Atalet döngüsü böylece kalıcılık kazanır. Atalet kendi kendini besleyen, kendinden beslenen, kapalı çevrimler içinde yaşayan bir psikolojik prangadır.

Beynimizdeki atalet halleri

Tembellik vücudun aptallığı,
aptallık da zihnin tembelliğidir.

Shakespeare

Zihnimizdeki atalet hali iki şekilde karşımıza çıkar:

1. Entelektüel atalet.
2. Duygusal atalet.

Entelektüel atalet, bir kişinin zihninin donuklaşması yüzünden yeni şeyler öğrenmemesi, yeni şeyler düşünmemesi sonucunda kapalı bir akıl ve donuk bir beyinle hayatını sürdürmesidir. Entelektüel atalete kapılmış insanlar yeni bir şey öğrenmek istemezler, önemli şeyler üzerine düşünmeyi de sevmezler, yeni bir fikir ortaya atmak için de çaba göstermezler. Entelektüel ataletin tipik örneği kitap okumamaktır. Kitap okuma oranının düşüklüğü entelektüel ataletin Türk toplumunda ne kadar yaygın olduğunun bir göstergesidir.

Duygusal atalet ise bir kişinin hiçbir şey yapmak istememesi ve "iş yapma heyecanını yitirmesi" halidir. Duygusal atalet yaşayan kişiler kararsız ve isteksiz bir haldedir. Onların bu psikolojik durumu kendi kendilerini sabote etmelerine neden olduğu için eyleme geçemez ve hareketsiz kalırlar. Duygular davranışları şekillendirdiği için, ataletli duygular ataletli davranışlar üretirler.

Başarı ataleti: Amaca ulaşmak için harekete geçmeme hali

Bu kitapta atalet "amacı gerçekleştirmeye yönelik eyleme geçmeme hali" çerçevesinde ele alınmıştır. Bu, literatürde kullanılmayan bir boyuttur. Başarı ataleti ile, "ideallerimize ulaşmak için yapmamız gerekenleri yapmamayı" ifade ediyoruz.

Başarı ataleti yaşayan kişiler hayatta başarılı olmak, ideallerindeki gibi bir hayat kurmak için neler yapmaları gerektiğini bilirler. Bunları niçin yapmaları gerektiğini de bilirler. İsterlerse nasıl yapabileceklerini de bilirler. Yapmamakla neler kaybettiklerini, yaparlarsa neler kazanacaklarını da bilirler. Yapmayı istediklerini de düşünürler. Ancak yine de hiçbir şey yapmazlar!

Ataletin başarılı olma sürecindeki rolünden hareketle başarı ataletini, "yapılması gereken bir işi, yapılması gereken zamanda, yapılması gereken yerde ve yapılması gereken şekilde yapmamak" şeklinde tanımlayabiliriz.

Kitabın giriş bölümündeki "Ne yapmanız gerektiğini biliyorsunuz, niçin yapmanız gerektiğini biliyorsunuz, nasıl yapacağınızı biliyorsunuz, o halde niçin yapmıyorsunuz, sizi durduran ne?" sorusu ideallerinize yönelik ataletlerinizi size fark ettirmek için soruldu.

Gaflet, dalalet ve atalet!

Çalışmadan, öğrenmeden, yorulmadan rahat yaşamanın yollarını alışkanlık haline getirmiş milletler; evvela haysiyetlerini, sonra hürriyetlerini ve daha sonra da istikballerini kaybetmeye mahkhûmdurlar.

Atatürk

Buraya kadar ataletin tanımını inceledik. Şimdi bir kişi, kurum ya da toplumun kaderini belirleyen bir mekanizmayı anlatmak istiyorum. Bu çevrim büyüme yönünde çalışıyorsa her şey daha iyiye, küçülme yönünde çalışıyorsa her şey daha kötüye gider.

İnziva döneminde keşfettiğim bu başarısızlık döngüsüne göre, cehalet gafleti, gaflet ataleti, atalet sefaleti, sefalet felaketi, felaket esareti getiriyor. Kişi, kurum ve toplumların uzun süre atalet halinde yaşamalarının sonucu felaket oluyor.

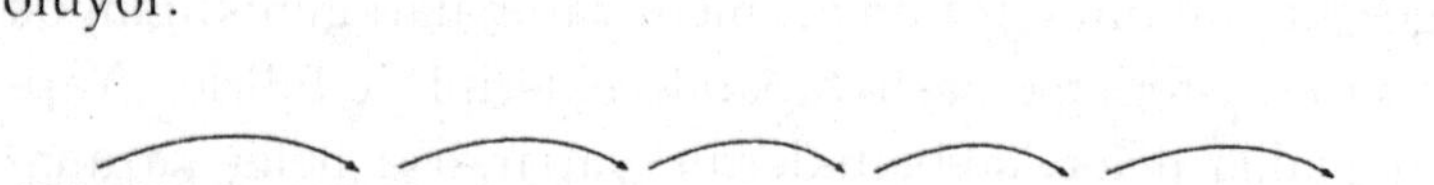

- Cehalet: Bilmesi gereken şeyleri bilmemek.
- Gaflet: Dikkatsizlik, dalgınlık, aymazlık, önem verilmesi gerekene önem vermemek.
- Atalet: Yapılması gerekenleri yapmamak.
- Sefalet: Yoksul, mutsuz ve sefil bir durumda olmak.
- Felaket: Krizler ve kötü olaylarla karşılaşmak.
- Esaret: Kendini yönetebilme özgürlüğünü yitirip başkalarının esiri olmak.

Cehalet gaflet, gaflet de cehalet getirir. Eğitimsiz kişiler neye ne kadar önem vereceklerini de doğru olarak bilemezler. Neye ne kadar önem vereceğine doğru olarak karar veremeyen insanlar da eğitime yeterince önem veremezler.

Gaflet atalet, atalet de gaflet üretir. Neye ne kadar önem vermeleri gerektiğini bilmeyen kişiler, genellikle acil işlerle ilgilenip önemli işleri sürekli ertelerler. Bu da atalet oluşumuna neden olur. Atalet halinde yaşayan kişiler de canlarından bezmiş halde yaşadıkları için önemli olanın ne olduğunu bile fark edecek zihinsel ve fiziksel güce sahip değillerdir.

Atalet sefalet, sefalet de atalet getirir. Atalete düşmüş kişiler bir şey yapmadıkları için gittikçe yoksulluk ve acziyet içerisine düşerler. Yoksulluk ve acziyet içerisinde yaşayan kişiler ise kendilerinde bir şeyler yapmak için güç bulamayacaklardır.

Sefalet felaket, felaket sefalet getirir. Birilerinin sefalet halinde yaşaması en çok düşmanlarını sevindirir. Bu da felaketleri üzerine çekmesine neden olur. Aynı şekilde art arda felaketler yaşayan kişi veya toplumlar da daha fazla sefalete düşerler.

Felaket esaret, esaret felaket getirir. Art arda felaketler yaşayıp kendi içinden kurtarıcı çıkaramayan toplumlar bağımsızlıklarını kaybedeceklerdir. Bu da esaret demektir. Esaret halinde yaşayan toplumlar sömürülmekte, felaket üzerine felaket yaşayabilmektedir.

KİŞİSEL ATALETİN TÜR VE ÖRNEKLERİ NELERDİR?

Hayatta bütün başarılarımı her zaman ve
her işte bir çeyrek saat önce
harekete geçmeme borçluyum.

Oscar Wilde

Meşhur "suyu ısınan kurbağa" hikâyesini bilirsiniz. Bir kurbağa önce içi sıcak su dolu kaba direkt atılır. Canı yanan kurbağa sıçrar ve kaptan dışarı çıkar. Bunun üzerine deneyin ikinci aşamasına geçilir. Bu defa kaba normal su konulur. Kurbağa oda sıcaklığındaki suyun içine atılır. Kahraman kurbağa halinden memnundur. Bilim adamları kabı ateşin üstüne koyarlar. Kurbağanın suyu ısınmaya başlar!

Başlangıçta halinden memnun olan kurbağa su ısındıkça reflekslerini kaybetmeye başlar. Öyle ki, sıcaklık onun için dayanılamaz hale gelip de kaptan dışarı çıkmak için çabaladığında, bacak kaslarının çalışmadığını fark eder. Ataletin oluşumu bu şekildedir. Ataletin en tehlikeli yanı oluşum aşamasında kendini fark ettirmemesidir. Atalet sinsice bünyeye yerleşir ve savunma refleksini felç eder.

Kanserin bedende yayılması ile ataletin ruhta oluşması birçok yönden birbirine benzer. Atalet bir çeşit psikolojik kanserdir.

1. İkisi de *sinsice* ve *aşama aşama* oluşur.
2. İkisi de bünyenin *bağışıklık (savunma) sistemini çökerterek*, kendi egemenliğini kalıcı hale getirmeye çalışır.
3. İkisiyle de başa çıkmak için çok fazla *moral güce* ve *pozitif düşünebilmeye* ihtiyaç duyulur. Buna karşın ikisi de önce moral gücü tüketir.
4. İkisinden de kurtulmanın ilk adımı varlıklarının tespit edilmesi, olabildiğince *erken teşhis* konulmasıdır.

Atalet insanın içinde oluşur ve yaşar. Ataletin ikametgâhı beynimizdir. Balık baştan atalete düşer! Gerçekte kurumsal ve ulusal atalet yoktur. Sadece o kurumu ya da ulusu oluşturan ataletli kişiler vardır. Kişisel atalet de beyinde başlar ve tüm vücudu ele geçirir. Peki ataletli insanlar nasıl düşünür, bu insanların en sık yaptığı düşünme hataları nelerdir?

Ataletli insanların davranış biçimlerindeki ortak özellikler nelerdir? Bugün yaptıklarının gelecekteki sonuçlarını düşünmemek. Olaylara kısa vadeli, anlık psikolojiyle yaklaşmak. Kararsız, isteksiz ve şevksiz bir şekilde çalışmak. Kötümser ve kendini eylemsizliğe itecek şekilde düşünmek. *Yapması gereken ama yapmak istemediği işlerle karşılaştığında sürekli ertelemek.* Rahatlık tuzağına düşmek. Acı çekmemek için sorunlarıyla yüzleşmekten kaçıp çözüm üretmeyi ve uygulamayı devamlı geciktirmek.

Ataletin temel gerçekleri

1. *Hiçbir psikolojik atalet sonsuza kadar sürmez.* Her psikolojik atalet hali bir gün sona erer. Ya kişinin kendisi atalet haline son verir ya da bir felaket atalet halini bitirir.
2. *Her ataletli ataleti kırma potansiyelini kendi içinde taşır.* Önemli olan içteki bu enerjiyi harekete geçirebilmektir. Bir akşam dişini fırçalamak için hiç dermanının kalmadığını söyleyen çocuğunuza dişlerini fırçalama karşılığında 100 dolar teklif ettiğinizde "çocuğunuzun içinde mevcut olan atalet kırıcı potansiyeli" harekete geçirmiş olursunuz! Doktorun 3 ay ömrünüzün kaldığını söylemesi, yıllarca "elimde değil" diyerek içtiğiniz sigarayı size hemen bıraktırır.
3. *Hayatımızın bir boyutundaki aşırı hareketlilik diğer boyutlarında atalet yaratacaktır.* Mesela iş hayatında çok aktif ve yoğun olan bir kişinin aile hayatındaki ataletli davranışları çoğalacaktır.
4. *Atalet halinde yaşamanın da bir maliyeti vardır!* Hareket etmenin bir maliyeti olduğu gibi atıl durmanın da bir maliyeti vardır. Bugün yapmanız gerektiği halde yapmadıklarınız, birikir, büyür, karşınıza çözemeyeceğiniz kadar devleşmiş bir problem halinde çıkar. Çetin Altan'ın deyişiyle *"Zamanında çözülmeyen problemler, genel bir çözülmeyi hazırlar."*

5. *İnsanların başlarına gelen olaylar değil, o olayları yorumlama şekilleri onları atalete düşürür.* Aynı olay karşısında bazı insanların mücadeleye devam ederken, bazılarının depresyona girmesi başımıza gelen olayları anlamlandırma şeklimizin gücünü göstermektedir.

Hayatımızdan atalet hallerine örnekler

Atalet ile ilgili vermiş olduğumuz seminerlerde önce ataletin ne olduğunu anlatırız. Sonra sorarız: "Sizin atalet yüzünden problem yaşadığınız en önemli üç konu nedir?" Gelen cevaplardan örnekler:

1. *Yabancı dil öğrenememek:* İngilizce'yi öğrenmemiz gerektiğini, bunu niçin öğrenmemiz gerektiğini ve istersek nasıl öğrenebileceğimizi biliriz ama yine de öğrenmeyiz.
2. *Spor yapamamak:* Spor yapmanın yararları ve şekilleri üzerine bilgi sahibiyizdir ama bir türlü spora başlayamayız.
3. *Sigarayı bırakamamak:* Sigarayı mutlaka bırakmamız gerektiğini biliriz ama sigara içmeye devam ederiz.
4. *Fazla kilolar:* Fazla kilolarımızdan nefret eder ve o kiloların "boğazımızdan geldiğini" biliriz. Ama yine de kurtulamayız.
5. *Kitap okuyamamak:* Kitap okumanın yararlarını ve özellikle kişisel gelişim kitaplarında anlatılanları uygulamanın yararlarını biliriz ama yine de çoğunu gündelik hayatımıza uygulamayız.
6. *Aileye fazla zaman ayıramamak:* İşlerimize kendimizi kaptırıp anne-baba, eş ve çocuklarımızı ihmal etme-

nin çok kötü ve tehlikeli olduğunu biliriz ama o zamanları bir türlü yaratamayız.

7. *Para biriktirememek:* Kendimizin ve çocuklarımızın geleceği için miktarı ne kadar olursa olsun gelirimizin yüzde 10'unu tasarruf etmemiz gerektiğini biliriz ama yine de gelen paraları harcarız.
8. *TV'yi kapatamamak:* Fazla TV seyretmenin aile bağlarının güçlenmesini, kitap okumayı ve kendimize zaman ayırmayı engellediğini biliriz ama yine de günün 3 saati TV karşısında geçer.
9. *Yaptığı planlara uyamamak:* Vaktin "nakit" olduğunu, planlı ve organize yaşamanın iş başarısının temeli olduğunu biliriz ama yine de günümüzü Avrupai standartlarda planlar, Türk usulü yaşarız.
10. *Ders çalışamamak:* Okul hayatında başarılı olmak için bilinçli ve düzenli ders çalışmak gerektiğini biliriz ama buna rağmen dersleri son dakikada yapma eğilimindeyizdir.

Bu listedeki maddelerin bazılarının sizin atalet portföyünüzde de bulunması muhtemeldir. Sırada sizin kişisel ataletinizi tespit etmek var. Yapmanız gerektiğini, niçin yapmanız gerektiğini ve isterseniz nasıl yapabileceğinizi bildiğiniz ancak gene de yapamadığınız 3 şeyi yazmaya ne dersiniz?

Oluşum nedenlerine göre atalet halleri

Bir insan başarılı olmak için yapması gereken bir şeyi neden yapmaz? Neden hareketsiz bir şekilde durur? Bazı insanlar *eleştirilme korkusundan* eyleme geçemez, olduğu yerde kalır. Bu kişiler *alıngan kişiliklidirler,* hayallerinin peşinde koşarken incinmeyi, eleştirilmeyi, reddedilmeyi göze alamazlar.

Diğer bir grup *başarısızlık korkusu* yüzünden harekete geçmeyenlerdir. Hayal kırıklığına karşı dayanıksız olan bu kişiler, özgüven yetersizliği, kendini küçük görme nedeniyle eyleme geçmez, hayallerini kafalarının içinde yaşarlar. Bazı kişiler ise yapamayacaklarına inandıklarından değil, yapılması gerekmediğine, o görevin anlamsız olduğuna inandıkları için işlerini yapmazlar. Bazıları hayata ya da amirlerine kızmıştır, *çalışıyormuş gibi yapıp çalışmamaya çalışarak* kendince bir şeyleri protesto eder. Bu kişiler için yavaşlık, kötü ve güçlü kişilere karşı gizli bir şekilde *tavır* koymaktır.

Bazıları hareketsizdir çünkü ömrünü ve hayat enerjisini çevresindekiler ve kendisiyle didişerek tüketmiş, "yılgın Türk" haline gelmiştir. Bazıları ise *keyif merkezli* hayat kurbanıdır. Sadece yapmaktan keyif aldığı şeyi yapıp yapması gereken ama yapmak istemediği şeyler karşısında, irade gücü "servis dışı" olan insanlardır. Bazı kişiler ise depresyonda olduğundan dolayı atalet halindedir.

Bazıları tembel olmayı kimliği, kaderi, doğuştan getirdiği değişmez özelliği olarak gördüğü için ataletlidir. Bazıları aşırı iş yüküne girip kendini faaliyet bombardımanına tutup "tükenmişlik sendromu" yaşayacak kadar kendini yorduğu için ataletli haldedir. Bazı insanlar mükemmeliyetçilik takıntılıdır, en iyisini yapmayı becerinceye kadar hiçbir şey yapmaz.

Başka bazı insanlar ise istikrar ve kesinlik takıntılıdır, *önlerini net göremedikçe* harekete geçmezler. Bazı insanlar da *yaşam şaşkını* olduklarından, insanların neyi niye yaptığını artık anlayamamaya başladıklarından, *gece vakti gözü-*

ne ışık tutulmuş tavşan gibi donup kalmış halde olduklarından eyleme geçemezler.

Şimdi sırada kendi ataletlerinizin nedenlerini bulmanız var. Siz hangi konuda neden eyleme geçmiyorsunuz? İradesizlikten mi? Korkudan mu? Karakterden mi? Yorgunluktan mı? Yılgınlıktan mı? Şaşkınlıktan mı?

Atalet çok sayıda nedenin bir araya gelerek oluşturduğu bir psiko-fizyolojik durumdur. Bir kişi özelinde bakıldığında, atalete neden olan faktörlerden birinin diğerlerine göre daha baskın olduğu görülmektedir. Aşağıda bu baskın nedenlerden birkaçını bulacaksınız:

1. *Amaçsızlıktan doğan atalet:* Temel hayat amaçlarını belirlememiş kişilerin hayatlarının yönünü ve yolunu belirlememiş olmalarından dolayı yaşadıkları atalet halidir.
2. *Mükemmeliyetçilikten doğan atalet:* İşlerin nasıl yapılacağına dair mükemmel bir plan buluncaya kadar hiçbir şey yapmayan kişilerin yaşadığı atalet halidir.
3. *Parasızlıktan doğan atalet:* Bir işi yapmak için gerekli olan asgari paraya sahip olmayan kişi ve kurumlar hiçbir şey yapamayarak atalete düşecektir.
4. *Karakterden doğan atalet:* Mizaç olarak tembelliğe, kötümserliğe, korkaklığa yatkın bir kişi atalete de yatkındır. Risk alabilen, girişken, enerjik, pozitif düşünen kişilerin bağışıklık sistemleri atalete karşı daha güçlüdür.
5. *Pasif direnişten doğan atalet:* İstemediği bir şeyi yapmaya zorlanan kişilerde görülen atalet halidir. Rızasız ve aşırı süratli değişim direnç yaratır. *Değişmek zorunda bırakılanlar kasıtlı olarak yavaş ve durağan hareket ederler.*

6. *Öğrenilmiş çaresizlikten doğan atalet:* Defalarca bir hedefe ulaşmayı denemiş ve her defasında başarısız olmuş ve onu elde edebileceğine dair inancını yitirmiş olan kişi ya da kurumlarda görülen atalet halidir. Başarısız olma ve emeklerin boşa gidebileceği düşüncesinden dolayı bir şey yapmama halini ifade eder.
7. *Fiziksel hareketsizlikten doğan atalet:* Uzun süren fiziksel hareketsizlik hali, zamanla psikolojik atalet haline dönüşecektir. Hareketli kafa, hareketli vücutta bulunur!
8. *İç çatışmalardan doğan atalet:* Bir kişi yaptığı işe inanmıyor, onu yapmayı gayriahlaki buluyor ama yine de mecburiyetleri nedeniyle yapıyorsa bu onda iç çatışma yaratacaktır. Bu iç çatışma önce kararsızlığa, sonra huzursuzluğa, en sonunda da atalete dönüşecektir.
9. *Egodan doğan atalet:* Başarının ve büyüklüğün oluşturduğu rehavetin yarattığı atalet halidir. Başarıyoruz, demek ki en doğrusunu biliyoruz düşüncesinin yarattığı öğrenmeme körlüğünden doğar.
10. *Doğru öncelik koyamamaktan doğan atalet:* Aşırı iş yüklenme, gündem yoğunluğu ve fazla "koşuşturmak"tan dolayı önemli işlerin acil işlere kurban edilmesinin yarattığı atalet halidir. Çok yoğun bir hayat yaşayıp, hayat yorgunu haline gelip amaçlarını gerçekleştiremeyen kişilerde görülür. *İronik bir şekilde, aşırı aktif ve hareketli yaşamaktan doğan atalet halidir!*

İsteksizlikten doğan atalet ve inattan doğan atalet

İnsanların bir konuda yapmaları gerekeni yapmaması, bazen *isteksizlikten*, bazen de *inattan* kaynaklanır.

PROAKTİF ATALET REAKTİF ATALET

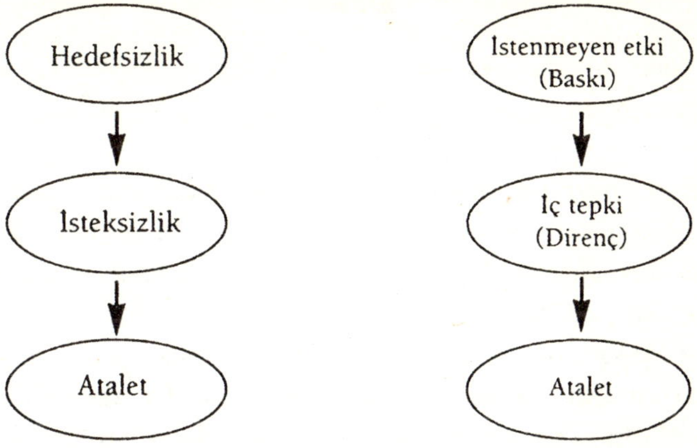

İsteksizlikte kişi hiçbir şey yapmak istemiyordur ya da o anda o işi yapmayı istemiyordur. Bu tür atalette, bir kişi *isteksizlik* ya da *iradesizlik* nedeniyle bir görevi yapmamaktadır. Örneğin birkaç gün sonra matematikten sınava girecek bir öğrencinin ders çalışmaktan nefret etmesi, gidip TV izlemeyi seçmesi bu tarz bir atalettir.

Reaktif atalet ise isteksizlikten değil inattan doğar. Kendi rızası alınmadan, kendi iradesine rağmen kendisine bir şey yaptırılmaya çalışılan insan kendi içinde bir direnç geliştirecektir. Çünkü dıştan zorlama iç tepki (direnç) yaratır. Direnç uzun vadede atalete dönüşür. Ülkemizde inattan doğan atalet oldukça yaygındır. Hayat enerjilerini kavgaya harcayan insanların, bir gün bir şeyler üretmeleri gerektiğinde enerjileri kalmamaktadır. Gandi'nin öncüsü olduğu *sivil itaatsizlik* hareketi, istenmeyen otorite karşısında bilinçli bir şekilde ataletli hareket etmeyi siyasal bir silaha çevirmiştir.

Kendiliğinden oluşan atalet ve kasti oluşturulan atalet

Atalet, temelindeki "niyete göre" de ikiye ayrılabilir: kendiliğinden oluşan atalet ve amaçlı (kasıtlı) olarak oluşturulan atalet.

Kendiliğinden oluşan atalet, doğal ve amaçsız atalettir. Doğal şartları oluşunca kendiliğinden ortaya çıkar. *Oysa kasti oluşturulan atalette, bir kişi ya da kesim amaçlı ve planlı bir şekilde yavaşlığa, durağanlığa, pasifliğe ve atalete düşürülmektedir.* Atak ve çalışkan bir hırsızın hapishaneye konularak "atalete düşürülmesi" bu duruma bir örnek olabilir. Terörizme destek veren ülkelere uygulanan ambargolar o ülkelerin ekonomilerini atalete düşürmeyi amaçlar.

Kişisel, kurumsal ve ulusal düzeyde atalet

Atalet üç farklı düzeyde karşımıza çıkar:

1. Kişisel atalet.
2. Kurumsal atalet.
3. Toplumsal atalet.

Ataletli bireyler olduğu gibi, ataletli kurumlar da vardır. Bir devlet dairesine gittiğinizde gördüğünüz manzara, ataletli kurumun resmidir. Ataletli kurumlar ataletli insanlardan oluşurlar çünkü insanlarda atalet duygusu oluştururlar. Nasıl ki balıklar içinde yaşadıkları akvaryumun suyunu her dakika içlerine soluyorlarsa, aynı şekilde ataletli şirketlerde çalışan insanlar da ataletli kurum kültürünü içlerine solurlar.

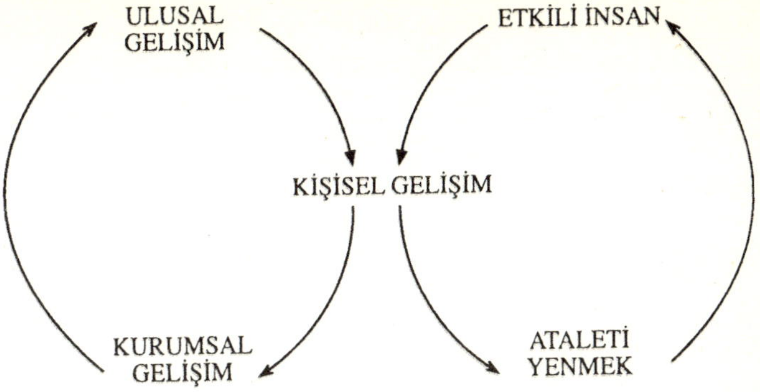

Kişisel atalet kurumsal ataleti, kurumsal atalet toplumsal ataleti besler ve büyütür. Kendini geliştirmemek atıl hayat yaşayan, pasif insanların çoğalmasına neden olur. Ataletli kişilerin çalıştığı ve yönettiği şirketler başarısız olacaktır. Başarısız şirketlerin oluşturduğu bir ülke ekonomisinin gelişmesi ise mümkün olmayacaktır. Ülkenin gelişmemesi de insanların kendini geliştirmelerini ve başarılı işler yapmalarını engelleyecektir.

Bu büyük kısırdöngüyü kırabilmek için bireysel olarak yapabileceğiniz en kritik şey, kendi ataletinizden kurtulmaktır. *Bu ülkeyi kurtarmaya kendinizden başlayın!* İkinci olarak, çevrenizdeki insanlara ataleti yenmek kavramından bahsederek onları atalet hakkında bilinçlendirebilirsiniz.

Kişisel ataletinden kurtulan bir kişi daha etkin bir hayat yaşayacak, daha başarılı bir insan olacaktır. Başarılı insanlar bir araya geldiklerinde, başarılı kurumları oluşturacaktır. Başarılı ve çevik çalışan kurumlar da, başarılı toplumları oluşturacaktır. Bu pozitif başarı döngüsü nerede başlar? İnsanda! Önce insanın kişisel ataletini yenmesi gerekir. Ataletini yenmek isteyen insan nereden işe başlamalıdır? *Beyninde olup da kendisini bloke eden düşüncelerinden.*

SOSYAL BAŞARI SÜRECİNDE ATALETİN ROLÜ NEDİR?

Eylem olmadığında vizyon bir rüyadır.
Vizyonu olmayan eylem ise boşa zaman geçirmektir.
Eyleme sahip bir vizyon dünyayı değiştirebilir.

Joe Barker

İlkokul kitaplarındaki meşhur kaplumbağa-tavşan yarışını bilirsiniz. Tavşan kaplumbağaya göre daha hızlı koşan, daha yetenekli bir hayvandır ama biraz ataletlidir. Bir gün yarışmaya karar verirler. Tavşan kendinden emin olduğu için rahat bir şekilde hareket eder. Kaplumbağa ise azimlidir. Yavaş ama tempolu bir yürüyüşle yarışı kazanır.

Tavşan başarıya daha ya(t)kın olduğu halde kaybetti çünkü bildiklerini uygulamadı. Öyküden çıkan ders nedir? *Başara"bilmek"* için "bilmek" gereklidir; ancak tek başına yeterli değildir. Başara"bilmek" kelimesinin içinde "bilmek" vardır ama daha fazlası da vardır. Bildiklerini uygulamak da gerekir.

İnsanları bildiklerini uygulamaya geçirme şekillerine göre dört gruba ayırabiliriz:

1. *Bilen ve yapanlar.*
2. *Bilen ama yapmayanlar.*
3. *Yapan ama bilmeyenler.*
4. *Yapmayan ve bilmeyenler.*

Bilen ve yapanlara "bilinçli başarmış kişi" diyebiliriz. Neyi, niçin, nasıl yapabileceğini bilen bu kişiler bununla da yetinmeyip bildiklerini uygulamaktadırlar. Hayatta kaliteli başarı şaŋsı en yüksek olan kesim bunlardır.

Bilen ama yapmayanlar ise tipik "ataetli" insanlardır. Nasıl başarılı işler yapabileceklerini bilirler ama yine de yapmazlar! Kendilerini eyleme geçirebilme becerileri zayıftır. Kendilerine söz geçiremeyen insanlardır.

Yapan ama bilmeyenler ise harala gürele bir şeyler başarmaya çalışan kesimdir. Büyük bir gayretle bir şeyler yapmaya çalışırlar ama neyi, niçin, nasıl yaptıklarının kendileri de farkında değillerdir. Bu kişiler büyük bir şevkle işe dalarlar; ancak planlama yapmadıklarından ya da iş hakkında teknik bilgiye sahip olmadıkları için başarısız olurlar. Başarısız olmaları şevklerini kırarak atalete düşmelerine ya da kurnazlık yapmaya başlamalarına neden olabilmektedir.

Yapmayan ve bilmeyenler ise başarısız insan sınıfını oluşturuyor. Hem nasıl başarılı olabileceklerini bilmeyen, hem de başarılı olmak için çaba göstermeyen kesimdir.

Atalet başarı yolculuğunda hangi duraklarda karşımıza çıkar?

Sıfırdan zirveye başarı yolculuğuna çıkmış insanları ve kurumları iki noktada atalet tuzağı bekler:

1. *Başarı öncesi atalet tehlikesi.*
2. *Başarı sonrası atalet tehlikesi.*

Atalet en büyük başarı düşmanıdır. Atalet başarıyı iki aşamada engellemeye çalışır. Başarılı olmadan önce, hayal edileni gerçekleştirmek için harekete geçmeyi, bilinenin uygulamaya geçirilmesini önlemeye çalışır. Kişi ataleti bu aşamada yenerse, amacına ulaşmak için harekete geçebilir, başarıya doğru ilerleyebilir.

Başarıya ulaştıktan sonra, ataletle randevunun ikinci raundu başlar. Burada tehlike *başarıdan doğan atalet halidir.* Başarıyı engelleyen atalet halinden farklı olarak bu aşamada atalet ego'yu da müttefik edinerek, *halinden hoşnutluktan doğan hareketsizliğe* neden olur. Başarının getirdiği rehavetle ego ve rahatlık tuzağına düşenler bu maçı kaybederler.

Bu maç daha tehlikelidir, çünkü başarının getirdiği atalet başarılı ve kazanan kişileri tehdit ettiğinden artık kaybedilecek çok şey vardır. Şimdi başarıya ulaşmayı önleyen atalet tehlikesini biraz yakından tanıyalım.

Sosyal başarının yedi adımı

"Ya Bir Yol Bul ya Bir Yol Aç ya da Yoldan Çekil" adlı ilk kitabımda okurlara hayatta başarılı olmak için anahatlarıyla yedi aşamalı bir süreci takip etmelerini önermiştim.

1. *Hayatta nasıl başarılı olabileceğini öğren:* "Başaranlar nasıl başarıyor? Sen nasıl başarabilirsin? Başarının sistem ve süreçleri nasıl çalışır?"
2. *Kendini ve potansiyelini tanı:* "Kimsin ve başkalarından daha iyi neler yapabilirsin?"
3. *Hayat amaçlarını tespit et:* "Neyi başarmak, nasıl bir hayat yaşamak istiyorsun?"
4. *Amaçlarına ulaşmanın stratejilerini ve planlarını hazırla:* "İstediklerini hangi aşamalarla, ne kadar sürede, nasıl başarabilirsin?"
5. *Eyleme geç:* "Buraya kadar istenilenleri yapmışsan, nereden başlaman gerektiğine karar ver ve başla!"
6. *Sonuç alıncaya kadar gerekli manevraları yap:* "Sonuç alıncaya kadar kararlı ol. İlgili kişilerle ilişki ve iletişim kur. Kaynaklarını iyi kullan. Çok çalış vs."
7. *Sonuç al ve aldığın sonuçlardan bir şeyler öğren:* "Nasıl başardın? Kendinden öğrenmen gerekenler neler? Bir dahaki sefere aynısını veya daha iyisini başarabilmek için neler yapmalısın?"

İlk kitabımda anlattığım bu yedi adımlık kişisel başarı sürecinin beşinci adımı atalet ile doğrudan ilişkilidir. Pek çok insan neyi başarmak istediğini, niçin başarmak istediğini ve isterse nasıl başarabileceğini bilir ancak yine de harekete geçmediği için sonuç alamaz. *İlk dört aşama başarıyı içimizde tasarlamayı, beşinci aşama ise içimizdeki başarıyı dış dünyaya aktararak "realize" etmeyi sağlar.* Bu aşamayı geçemeyen kişilerde başarının iç tasarımı gerçekleşmiş ama hayal (ya da potansiyel) dış başarıya dönüşememiştir. Yüksek potansiyeli olduğu halde başarılı olamamış kişilerin temel sorunu budur. *Başarının temeli kendini eyleme ge-*

çirebilmektir. Bu da ataleti yenmek ve amaca yönelik ilk adımı atmakla mümkündür.

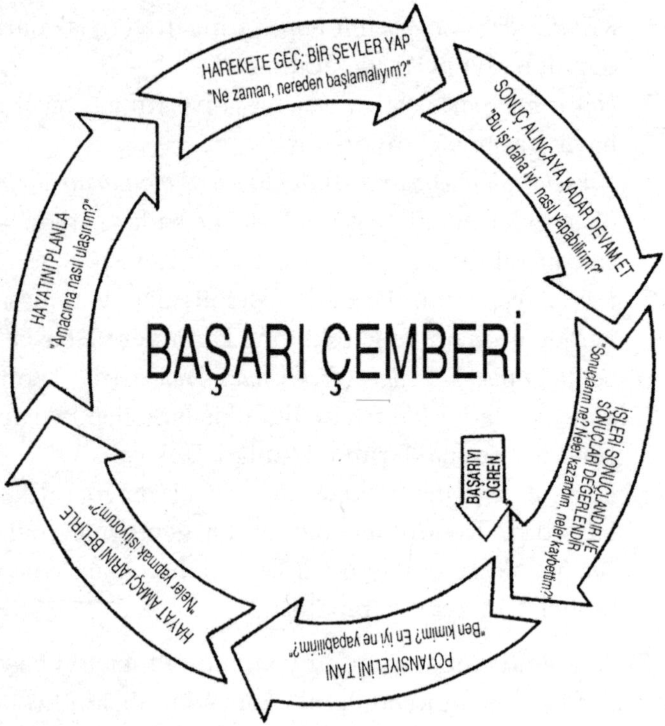

Başarısızlık korkusu ve öğrenilmiş çaresizlikten doğan atalet

Başarı ile atalet arasındaki ilişkiyi gösteren harika bir örnek köpekbalıkları üzerinde yapılmış olan bir "öğrenilmiş çaresizlik" deneyidir. Deneyde bir köpekbalığı uzun süre aç bırakılır. Sonra bir akvaryuma konur. Akvaryum cam bölme ile ikiye ayrılmıştır. Cam bölmenin diğer kısmında başka bir balık bulunmaktadır.

Uzun süre aç kalmış olan köpekbalığı hemen o balığa saldırır. Ancak kafasını –suda olmasından dolayı fark edemediği– cam bölmeye çarparak şaşırır. Tekrar döner bir daha saldırır, gene cama çarpar. Kahramanımız çok açtır ve tanımlayamadığı bir "dış engelleyici" tarafından hedefine ulaştırılmamaktadır. Şaşkın durumdadır. Tekrar dener, tekrar cama çarpar. Bir yanda açlığı, bir yanda yaşadığı "engellenmişlik hissi" vardır. Köpekbalığı, açlığının etkisiyle motive olup saldırmakta, ancak engele çarpınca "demotive" olup olduğu yerde kalmaktadır.

Engellenmişlik hissi, öfke, açlık, hayal kırıklığı, umutsuzluk ve depresyon duyguları içinde yaşayan köpekbalığımız bir süre sonra artık küçük balığı yemek için hiçbir teşebbüste bulunmamaya başlar.

Onun artık hiç hareket etmediğini gören bilim adamları ona büyük bir sürpriz yaparak aradaki cam bölmeyi kaldırırlar! Şaşırma sırası bilim adamlarındadır. Çünkü köpekbalığı "O balığı yiyemem" inancı geliştirdiği için, hiçbir teşebbüste bulunmamaktadır. Bilim adamları bunun üzerine küçük balığı kovalayarak büyük balığın sahasına getirirler. Ancak köpekbalığı yine de o balığı yemez. Trajikomik bir şekilde, açlıktan ölmek üzeredir ama yine de yemez! Peki neden o balığı yememiştir? "Aç ama gururlu" bir köpekbalığı olduğundan mı?

Köpekbalığının içinde bulunduğu psikolojik duruma "öğrenilmiş çaresizlik" denmektedir. Atalet ve acziyet halinin öğrenilen bir davranış şekli olduğu kabul edilmektedir. Bu deney, inançların davranışlar üzerinde ne kadar güçlü etkiye sahip olduğunu göstermiştir. "Ne yaparsam yapayım o balığı yiyemeyeceğim" inancı, ki bu inanç bir iç engeldi, köpekbalığını atalet durumuna sürüklemiştir.

Bu deneyden çıkarılabilecek ana ders, iç engel-dış engel farkı hakkındadır.

Deneyin birinci aşamasında kullanılan, köpekbalığı ile diğer balığın arasında yer alan cam bir dış engeldir. Köpek balığının kafasını cama vura vura öğrendiği, "Ben ne yaparsam yapayım bu küçük balığı yiyemeyeceğim" inancı ise iç engeldir. Balık kafasını cama vura vura, adeta dış engel kafasının içine geçip iç engele dönüşmüştür. İlginç olan nokta şudur: *İlk etapta, dış engel (cam) vardır ama iç engel (yapamam inancı) yoktur. İkinci aşamada, dış engel (cam) yoktur ama bu defa iç engel (yapamam inancı) vardır. Yani köpekbalığının başarabileceğine inandığı zaman başarı imkânı yoktur, başarabilme imkânı olduğunda ise başarabileceğine inancı yoktur.*

İnsanların küçük bir azınlığının inancı ve imkânı vardır. Büyük bir çoğunluğun ise, inancı varken imkânı yoktur, imkânı varken inancı.

İnsanlar başarılı olmak için önce iç engellerini, sonra dış engellerini aşmak zorundadır. İç engeller daha çok psikolojiktir. *İç engelleri tehlikeli yapan onların farkında olunmamasıdır.*

İnsanlar genellikle dış engelleyicilerinin farkındadır, onları suçlar, *onlar engellemeseydi* amaçlarına nasıl ulaşacaklarını anlatır dururlar. Oysa o dış engeller kalktığında, asıl engelin kendi içlerinde olduğunu görürler.

Başarısızlığının nedenlerini Türkiye şartlarına bağlayan kişiler, aynı şartlarda başkalarının başarılı olabildiğini unutmamalıdır. Daha da ötesi, Türkiye şartlarından dolayı başarısız olduğunu düşünen, İsviçre'deki sistemi örnek veren kişilere, bu ülkelerde yaşama imkânı verildiğinde bu sefer de orada söylendikleri görülecektir. *Çünkü bu kişiler "iç engelli"dirler, sonuç üretmek yerine suçlamayı, söylenmeyi, sızlanmayı bir yaşam biçimi haline getirmişlerdir.* Unutmayın, başarmak sonuç almaktır. Haklı bir nedene dayansa dahi hiçbir suçlama, söylenme, bahane başarının yerini tutamaz.

Başarı yolunda iç ve dış engelleyiciler

Olmak istediğimiz yere giderken bizi engelleyen bariyerler ikiye ayrılır: iç engel(leyici)ler ve dış engel(leyici)ler. Bu engelleri tanımak ve onları aşma stratejileri geliştirmek ilerlemenin temelidir.

A. İç engel(leyici)ler

Kişinin kendi zihninin içindeki bariyerlerdir. Nedir bunlar?

- *Sınırlayıcı değerler:* Bir kişi başarı, büyüme, aktiflik, dinamizm gibi değerlere değil "rahatlık", "problemsizlik", "tembellik" gibi değerlere daha çok inanıyor ve önem veriyorsa eyleme geçmekte güçlük çekecektir.

- *Sınırlayıcı karakter özellikleri:* Bir kişi tembel ve ağırkanlı bir mizaçta ise eyleme geçmekte güçlükler yaşayacaktır. Buna karşın coşkulu ya da iç disiplini gelişmiş kişiler daha kolay kendilerini eyleme geçirebilmektedirler.
- *Yetersiz özgüven:* Bir kişi başarı için gerekli donanıma ve kişiliğe sahip olmadığını düşünüyorsa hayal kırıklığı korkusu ve boşa emek harcamama düşüncesiyle eyleme geçmeyecektir.
- *Başarı hakkındaki sınırlayıcı inançlar:* Başarılı olmanın insanın kendi ellerinde olmadığına inanan kişiler büyük işler başarmak için eyleme geçmekte güçlük çekecektir.
- *Sınırlayıcı ilkeler:* İnsanların prensipleri, dini inançları ve ahlaki görüşleri kendilerini pek çok noktada sınırlandırabilmektedir. Başarının gerektirdiği davranış şekli ile inançları çatışan kişiler eylemsizliğe sürüklenebilmektedir.
- *Olumsuz düşünceler:* Bir kişi önündeki işin yapılmaya değer olmadığını, yararsız olduğunu ya da bu işi yapmayı başaramayacağını kendine söyleyip duruyorsa veya sürekli kötümser düşünüyorsa eyleme geçmekte güçlük çekecektir.
- *Sınırlayıcı alışkanlıklar:* Bir kişi sürekli erteleme alışkanlığına sahipse eyleme geçmekte güçlük yaşayacaktır.
- *Sınırlayıcı duygular:* Bir kişi "korku", "tükenmişlik", "engellenmişlik hissi" gibi sınırlayıcı ve negatif duyguları yoğun olarak yaşıyorsa eyleme geçmekte güçlük çekecektir.
- *Sınırlayıcı tecrübeler:* Bir kişi çok sayıda başarısız girişim yaşamışsa, beyni hayal kırıklığı yaşatan anıla-

rıyla doluysa eyleme geçmekte zorlanacaktır. Bir işadamı, hükümetin IMF ile daha önce yürüttüğü 17 programın tamamının başarısızlıkla sonuçlandığını biliyorsa, varsayım olarak 18.'incinin de başarısız olacağını düşünür ve yatırım yapmaz.

Normal şartlar altında kafamızdaki düşünceleri doğru-yanlış ekseninde değerlendiririz. *Başarılı insanlar, düşünce ve inançlarını sadece doğru mu, yanlış mı ekseninde değerlendirmekle yetinmez, beni sınırlandırıyor mu yoksa güçlendiriyor mu diye de düşünür.* "Başarılı olmak insanın kendi ellerinde değildir" inancının doğru mu yanlış mı olduğu yıllarca tartışılabilir ama sınırlayıcı olup olmadığı daha nettir. Başarılı olmanın kendi ellerinde olmadığına inanan insanlar başarılı olmak için ellerinden gelenin en iyisini yapmayacaklardır. *Peki doğru olduğuna inanılan ama sınırlayıcı olduğu da aşikâr olan inançlar karşısında ne yapmalı? İnsan neye inanacağını kendisi seçebilir!* Neye inanmayı seçerseniz, hayatınız ona dönüşür.

B. Dış engel(leyici)ler

Dış dünyada bulunan ve kişinin eyleme geçmesini engelleyen bariyerlerdir. Bizim dışımızda olup da, eyleme geçmemize ve amaçlarımıza ulaşmamıza engel olabilecek bazı sosyal bariyerler şunlardır:

- *Ailenin engellemeleri:* Prof. Dr. Çiğdem Kağıtçıbaşı'nın tespitine göre Türk gençliği Batı'dan farklı olarak maddi olarak ailesine bağımlılığını zamanla kesse de manevi bağımlılığını sürdürmektedir. Gençlerin pek çok projesi ailelerinin "kafasına yatmadığı için" gerçekleştirilememektedir.

- *Siyasi engellemeler:* Özellikle büyük ölçekli sosyal başarılarda mutlaka siyasiler işlere karışmaktadır. Unutmayın, Ankara hiçbir şeyin uzun süre iyi gitmesine izin vermez!
- *Kültürel engellemeler:* Ayıplanmaktan ve dışlanmaktan korktuğu için orijinal düşünce ve projelerini uygulayamayan pek çok insan bilirsiniz. Dış denetimin yoğun ve etkili olduğu Anadolu'da bu durum daha sık yaşanmaktadır. Şehirlerde çevresel denetim zayıfladığından orijinal ve farklı işler yapılabilmektedir. *Eric Hoffer'e göre köyde yaşayan hiçbir insan orijinal bir eser üretememiştir.*[2] Bu nedenle de insan gerçek kimliğini şehirde bulmuştur.
- *Bürokratik engellemeler:* Bir yabancının 2000 yılında Türkiye'de bir şirket kurup ilk işini alması için yerine getirmesi gereken 183 adet bürokratik imza ve işlem bulunmaktaydı. Bu kadar engelleyici bir bürokratik anlayışa sahip bir ülkenin yabancı yatırımcı çekmekte zorluk yaşaması kadar doğal ne olabilir?
- *Hukuki sınırlamalar:* Hukukun aşırı engelleride pek çok girişimci kişi ve kurumun şevkini kırmakta, atalete düşmelerine neden olmaktadır.
- *Ekonomik engeller:* Kendini çok iyi şekilde geliştirdiği halde "finansal yeterliliğe" sahip olmadığı için istediklerini yapamayan pek çok kişi bulunmaktadır. Yetenek ve bilgi yeterliliğine sahip olduğu halde finansal yeterliliğe sahip olmayan bu kişiler genellikle mağrur ve mahsun bir psikolojiye kapılarak eylemsizlik haline geçmektedir.
- *Üstlerin engellemeleri:* Amirleri tarafından sırf potansiyeli, yeteneği ve çalışkanlığından dolayı –kendisi-

ne rakip olmasından korkarak– pasif görevlere atanan ya da "kızağa alınan" pek çok kişi bulunmaktadır.

- *İstikrarsızlık:* Ülkenin siyasi, ekonomik ve psikolojik istikrarsızlığı pek çok kişiyi eyleme geçmekten alıkoymaktadır. Çünkü istikrarsızlık belirsizlik yaratır. Belirsizlik de kişileri ihtiyatlı ve muhafazakârca davranmaya, "Bekle gör" pozisyonunda durmaya zorlar.

Dış engelleyiciler iç engelleyicileri harekete geçirerek insanı atalete düşürür. Harekete geçmemek için haklı neden gibi görünürler. Bununla birlikte aynı dış sınırlayıcılara "rağmen" başka insanların yine de koşabildiği görülmeli, aynı prangalarla başkalarının koşabildiği unutulmamalıdır. Politikacıların görevi insanların önündeki dış engelleri kaldırmaktır ama politikacılar insanların içindeki iç engelleri kaldıramazlar.

Dış engelleyiciler ile ülkede egemen olan düzen ve yapı ifade edilmektedir. Bu düzenin temeli, insanların sıfırdan zirveye çıkarken kullandıkları ulusal başarı merdivenidir. Peki bir ülkede insanların sıfırdan zirveye çıkmak için kullandıkları *ulusal başarı sistemi* nasıl bozulur? Bozulma süreci iki aşamalıdır. *Önce insanlar sistemi bozarlar. Ardından sistem insanları bozmaya başlar.* Çünkü bozuk başarı sistemi insanları daha çok başarılı olmak için "bozulmaya" zorlar. *İnsanların bozularak yükseldiğini ya da bozuk insanların yükseldiğini gören dürüst insanlar ya "demoralize" olup atalete düşecektir ya da kendisi de bozulmaya başlayacaktır.* Başarı hırsı ve yükselme tutkusu asla hafife alınacak bir konu değildir. Başarı sistemi "yozlaşmış" olan toplumlarda ihtiraslar çoğu kez prensiplere galip gelmekte, bunun sonucunda yolsuzluk ve yoksulluk artmaktadır.

Bir toplumda sistemin "bozuk" olması haklı bir atalet nedeni olamaz. Çünkü dünyanın her yerinde, insanlar iki şeyin hiçbir zaman yeterince iyi olmadığını düşünürler: *milli eğitim politikası* ve *devlet yönetimi sistemi!*

Şimdi elinize kalemi ve ajandanızı alarak kendi iç ve dış sınırlayıcılarınızı yazılı olarak tespit etmeye çalışın lütfen. Sınırlar ve engelleyicilerle başarılı bir şekilde başa çıkmanın ilk adımı onları kesin, net ve yazılı olarak tespit etmektir.

"Farkında olmak" ilerlemenin ilk adımıdır. Dış sınırlamalarınızı (örneğin "Param yok", "Amirim yeteneğimi keşfedemiyor", "Ekonomik kriz var", "Bürokratik engeller çok", "Devlet üretimi değil rant ekonomisini destekliyor", "Kocam ve ailem izin vermiyor", "Babam destek olmuyor", "Bu istikrarsız ortamda bir şey yapılmaz", "Bu sistemde yetenek değil kurnazlık ödüllendiriliyor" vs.) zorlanmadan yazabileceğinizden eminim.

Bununla birlikte kişiler genellikle iç sınırlamalarını (örneğin "Yeterli bilgim yok", "Tembelim", "Depresyondayım", "Rahatıma düşkünüm", "Riski değil güveni tercih ediyorum", "Gerilimden kaçıyorum", "Erteleme bende alışkanlık olmuş", "Kendime güvenmiyorum", "Ahlâki sınırlamalarım çağın gereklerine uymuyor", "Geçmişte yaşadığım başarısız denemeler kötümser düşünmeme neden oluyor" vb.) görememektedir. *İç sınırlamalar sinsice ve kendini fark ettirmeden çalışır. İç sınırlamalarınızı görebilmek için bu sınırlamalarınızı zorlayıp onun ötesine geçmeye çalışmanız gerekir.*

Düşünün,

1. İç sınırlamalarım/engelleyicilerim neler?
2. Dış sınırlamalarım/engelleyicilerim neler?

ATALETİN ANATOMİSİ: PSİKOLOJİK ATALET NASIL OLUŞUR?

Rüzgârın nasıl estiği fark etmezsiniz.
Farkı yaratan, yelkenlerinizi nasıl açtığınızdır.

Vera Peiffer

Atalet, başımıza gelen olayları *hiçbir şey yapmayacak şekilde yorumlamanın* sonucudur. Yaşadığımız olayları kendimizi atalete düşürecek ya da harekete geçirecek şekilde yorumlamak kendi elimizde olan ve kaderimizi belirleyen bir seçimimizdir. Başımıza gelen kötü olaylar atalete düşmek için haklı nedenler değildir. *Çünkü aynı olayları yaşayan başka kişiler atalete düşmeyebiliyor.*

Balığın yaşadıklarını hatırlayın.

1. dönem: Köpekbalığı akvaryumda aç halde beklemektedir ve akvaryumun içine başka bir balık konur.

Olay: Aç halde akvaryumda bekleyen köpekbalığı küçük bir balık görür!

Yorum şekli: "Çok açım, hemen şu balığı yakalayıp yemeliyim! Evrensel kuralı seviyorum, büyük balık küçük balığı yer!"

Duygusal durum: tam motivasyon, özgüven ve sevinç hali!

Davranış: küçük balığa doğru süratle saldırmak!

Sonuç: akvaryumun içine konmuş olan ve "balık gözüyle" bakıldığında görülmeyen cama kafasını çarpıp şaşkın halde kalma...

2. dönem: Köpekbalığı defalarca denemiş ve kafasını cama çarpmıştır, hâlâ açtır ama akvaryumun içine konan cam bölme kaldırılmıştır.

Olay: Köpekbalığının önünde yiyebileceği bir balık bulunmaktadır ve arada engel yoktur.

Yorum şekli: "Ne yaparsam yapayım, bu küçük balığı yiyemiyorum. Nasıl olsa başaramayacağım, bir daha denemeyeyim!"

Duygusal durum: engellenmişlik hissi, acziyet duygusu, çaresizlik hissi.

Davranış: eylemsizlik. Hiçbir şey yapmama. Bir daha denememe.

Sonuç: önünde yiyebileceği bir balık olmasına rağmen, aç halde yaşamak!

Deneyin birinci döneminde *gerçek bir çaresizlik* söz konusudur. Oysa ikinci dönemde *sahte çaresizlik* söz konusudur. "Acıların köpekbalığı"nın öyküsünü okudunuz. Şimdi kendi hayatınızı düşünmeye ne dersiniz?

1. *Sizin şimdiye kadar yaşadığınız sahte çaresizlikle neler olabilir?* Siz kendinizi çaresiz hissettiğiniz zaman yaşadıklarınızın gerçek bir çaresizlik mi yoksa sahte bir çaresizlik mi olduğunu nasıl ayırabilirsiniz?
2. Balık camı göremediği için, kendisini tam olarak neyin engellediğini hiçbir zaman bilemedi. Peki sizin kafanızı vurduğunuz ve sizi *engellediğinin farkında bile olmadığınız* psikolojik camlarınız neler olabilir?

Bu konu ilginizi çekiyorsa, öğrenilmiş çaresizlik psikolojisinin detaylarını 7 ayda 350.000 satan "Her Şey Seninle Başlar" adlı kitabımda bulabilirsiniz.

İki farklı insan, iki farklı yorum şekli!

Başımıza gelen olayların değil, içimizdeki olayların ne hissedeceğimizi ve ne yapacağımızı belirlediğini bu kitabı satın almanızı örnek alarak açıklayalım. Bu kitabın yayınlanmasını bir "olay" olarak kabul edelim. Bu olaydan haberdar olduktan sonra, konuyu yorumlama şeklindeki farklılıkların nasıl farklı sonuçlara götürdüğünü inceleyelim.

Birinci kişi

Olay: Gazetede Mümin Sekman'ın ataleti yenmek ile ilgili kitabının yayınlandığını okur.

Yorum şekli: "Yine bir kişisel gelişim kitabı çıkmış! Kim okur bunları anlamıyorum. Hem niye kişisel atalet, önce toplumu ataletten kurtarmak lazım! Bizi atalete düşürenler utansın!"

Duygusal durum: Sinirlilik. Öfke. Can sıkıntısı.

Davranış: eylemsizlik. Herhangi bir şey yapmamak. Sitem etmek.

Sonuç: mevcut durumun aynen devamı.

İkinci kişi

Olay: Gazetede Mümin Sekman'ın ataleti yenmek ile ilgili kitabının yayınlandığını okur.

Yorum şekli: "Yeni ve farklı bir kitap. Toplumumuzdaki negatif kültürün etkisiyle hem kendimde, hem şirketimde bazen atalet oluşuyor. Bu kitap atalatten korunma aşısı olabilir. Bir okuyalım bakalım."

Duygusal durum: isteklenme, merak ve heyecan duygusu.

Davranış: kitabı satın alma ve okuma.

Sonuç: ataleti tanımak ve ataletten kurtulmak için stratejiler öğrenme.

Aynı olay karşısında yaşanan duygular bu kadar değişik olduğuna göre aradaki farklılık neyden kaynaklanır? Başımıza gelen olaylar ne hissedeceğimizi ve ne yapacağımızı belirliyor ise neden herkes aynı duyguyu ve davranışı göstermedi?

Yorumlama şeklinin mekanizması nasıl çalışıyor?

Bir kez daha tekrarlamak isterim, *hayatta başımıza gelen olaylar değil olayları yorumlama şeklimiz atalet duygusu oluşturuyor.* Peki olayları yorumlama şeklimizi belirleyenler nelerdir? Olaylara neye göre, nasıl anlam veririz? Olaylara nasıl anlam verip nasıl tepki göstereceğimizi paradigmalarımız belirler. Paradigma en kısa ifadeyle "dünya görüşü" demektir. Paradigmalarımız nelere bağlıdır?

1. *İnançlar:* İnançlarımız olumlu ya da olumsuz "önyargı" işlevi görürler. Çoğu kez bizi hata yapmaktan korumaya çalışırken bizi sınırlandırır ve yanıltırlar. O halde başımıza gelen olaylar, o tür olaylara ilişkin genel inançlarımıza göre farklı anlamlara gelebilirler.
2. *Değerler:* Başımıza gelen olaylara, sahip olduğumuz değerlere göre tepki ve anlam veririz.
3. *Karakter:* Olaylara anlam verirken kendi karakterimiz de işbaşındadır. Aynı olay karşısında farklı kişilikteki insanlar farklı şeyler yaparlar.
4. *Anlık psikoloji:* Olayları yorumlama şeklimizi en çok etkileyen unsurların başında o andaki psikolojimiz gelir. *Yorum şeklimiz duygusal durumumuzu belirlediği gibi, duygusal durumumuz da yorum şeklimizi belirler. Atalet duygusu yaşayan kişiler olayları kendilerini atalete düşürecek şekilde yorumlamak eğilimindedir.* Bu da ataletin uzun süre yaşamasını sağlar. Bu atalet döngüsü kırılmadan, ataletten kurtulmak zordur. "Anlık psikolojimiz" olayları anlamlandırma biçimimizi oldukça etkiler. Bunu bilen askerler, komutanlarından izin istemeden önce, komutanın yardımcısına "Bugün morali nasıl?" diye sorarlar. Benzer taktik iş dünyasında da maaşa zam istenirken uygulanır!

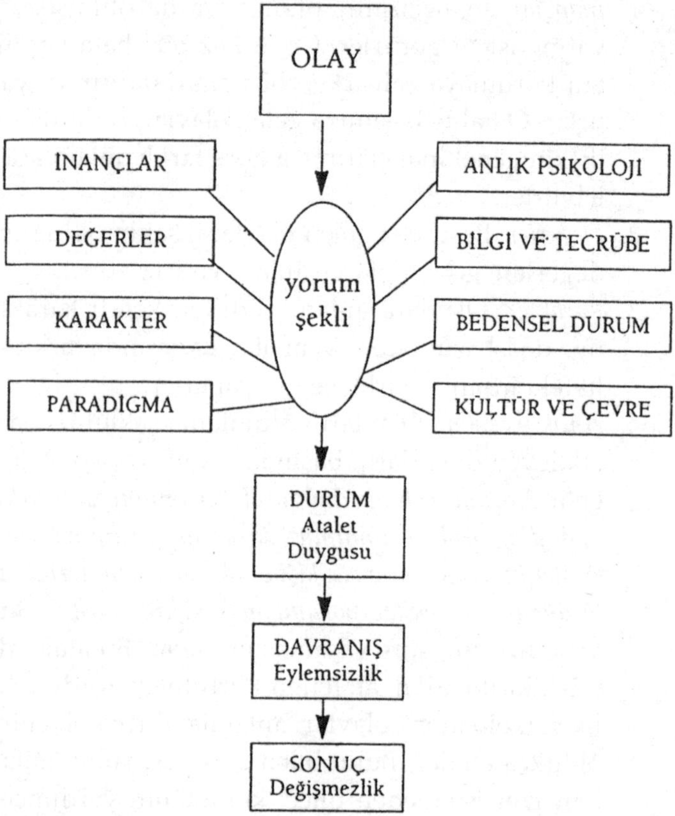

Başımıza gelen olaylar ile atalet oluşumu arasındaki ilişkiyi gösteren şema

5. *Bilgi ve tecrübeler:* Bir konuyu yorumlarken o konu ile ilgili zihnimizdeki verileri kullanarak karar veririz. Olaylara verdiğimiz anlamlar o tür olaylar hakkındaki beynimizdeki mevcut bilgi ve tecrübelerimizden etkilenmektedir. Konu ile ilgili ön bilgimiz yoksa genellikle "tahminler" yaparız.

6. *Bedensel durum:* Başımıza gelen olayları yorumlarken fizyolojik durumumuzdan da etkileniriz. Uykusuz bir halde gazete haberini okumakla, sağlıklı bir halde okumak yorum şeklini değiştirecektir. Uykusuzken bir olayı yorumlamak muhtemelen olumsuz yorumlama şeklinin kullanılmasına neden olacaktır.

Başımıza gelen olayları yorumlarken kullandığımız mekanizmanın unsurları birbirini etkiler ve birbirinden etkilenir. Bu etkileşim, atalet veya hareket halinde yaşamanın kalıcılığını sağlar. Ataletlilerin gittikçe ataletli, hareketlilerin de gittikçe hareketli bir hayata doğru yönelmelerinin nedeni, kendi kendini besleyen bu çevrimdir.

Bu çevrimde yorumlama şeklimiz ne hissedeceğimizi belirlerken, o yorumu yaparken hissettiklerimiz de yorum şeklimizi etkiler. Duygusal durumumuz davranışlarımızı etkiler ama aynı şekilde davranışlarımız da duygusal durumumuzu etkiler. Davranışlarımız elde edeceğimiz sonuçları etkiler ama aynı şekilde elde ettiğimiz sonuçlar da davranışlarımızı etkiler.

Beynimizdeki atalet zincirinin kırılma noktaları

Zihinsel ataletin beş kırılma noktası vardır. Bu noktalar dan ataleti yenmek için müdahalede bulunulabilir:

1. Beyne giren bilgileri değiştirmek.
2. İnançları değiştirmek.
3. Düşünceleri değiştirmek.
4. Duyguları değiştirmek.
5. Davranışları değiştirmek.

Kişilerin beynine giren bilgileri değiştirmek ya da onları istediğimiz inancı yaratacak bilgilerle beslemek, inançlarını değiştirecektir. İnançlarının değişmesi düşüncelerini de değiştirecektir. Düşüncelerinin değişmesi duygularını değiştirecektir. Duygularının değişmesi onların "eylemsizliğine" son verecektir. Ataletin ortadan kalkması kişinin daha başarılı sonuçlar almasını sağlayacaktır. Başarılı sonuçlar alınması kişiyi, daha yüksek moralle çalışmaya yönlendirecektir.

Zihnimizdeki atalet çevrimi beş ana parçadan oluşur: bilgilenme, yorumlama, duygusal durum, davranış, sonuç. *Bu beş unsur belirli bir tarzda çalıştırıldığında atalet, farklı bir tarzda kullanıldığında hareket yaratır. Ataleti de hareketi de aynı sistemin ürettiğini bilmek önemlidir.* Neleri beyninize aldığınız, beyninize giren bilgileri nasıl yorumladığınız devamının nasıl olacağını belirlediğinden, *atalet üreten düşünme biçimlerinden* sakınmak önemlidir.

1. Beyne giren bilgileri değiştirmek

Beynimizi neyle beslediğimiz çok önemlidir. Beynimize girmesine izin verdiğimiz bilgilerin bazıları bizi atalete düşürür, bazıları ise motive eder, eyleme geçirir, elimizden gelenin en iyisini yapmamızı sağlar. Atalet yaratan enformasyon bizi isteksizliğe iter. Hareket yaratan enformasyon ise bizde bir şeyler yapma isteği oluşturur. ABD'nin ünlü zengini Rockefeller, her sabah kendi basın danışmanına hazırlattığı ve adına "pembe gazete" dediği bir gazete okurdu. Bu gazetede olumsuz haberler yer almaz ya da en hafifletilmiş halde yer alırdı. Bununla birlikte moral verici ve iyimserlik duygusu yaratan haberler bol bol yer alırdı.

Eski bir Çin atasözü *"İnsan ne yerse odur"* der. Beyninize aldığınız enformasyonun türü onları yorumlama şeklinizi de etkiler. Sürekli kötü haberleri beyninize sunmak bir süre sonra olayları kötümser bir tarzda yorumlamanıza neden olacaktır. Bu nedenle beyninize aldığınız bilgiyi doğru seçmeniz önemlidir. Özellikle kriz dönemlerinde "Krizdeyiz" düşüncesi genellikle krizi daha da derinleştirmektedir.

Kişisel gelişim kitaplarının yeni teknikler öğretmekten daha büyük faydası insanları olumlu bir zihin ikliminde tutabilmesidir. Bu anlamda kişisel gelişim kitapları halkın afyonudur! Andre Maurois *"Yarım saatlik okumanın gideremeyeceği bir kederim olmamıştır"* demektedir.

Kişisel gelişim kitapları, gazete ve TV'lerin negatif enformasyon yüklemelerini nötralize edecek örnek ve argümanlar sunarak ruhsal dengeyi korurlar. Özellikle başarı öyküleri bu konuda oldukça işe yaramaktadır. *Sizin koşullarınızdan gelerek sizin istediklerinizi başarmış insanlar size güç ve ilham verecektir.* Onların da başarmak için ihtiyaç duydukları enerji ve morali kendilerinden öncekilerin hayatlarını okuyarak aldıklarını görmek sizi şaşırtmasın.

2. İnanç ve düşünceleri değiştirmek

Ataletin zihinsel mekanizmasının ikinci dişlisi enformasyonu yorumlama sürecidir. Bu süreçte genel inançlar ile anlık psikoloji belirleyici rol oynar. Genel inançlar hayat, insanlar ve başarı hakkındaki inançlarımızdır. Özel inançlarımız ise kendimiz ve yapmamız gereken işler hakkındaki inançlarımızdır.

Hayatının kendi kontrolünde, başarı ve başarısızlığın kendi ellerinde olduğuna inanan insanın düşünce, duygu ve davranışları daha çok harekete yatkın olacaktır. Başarı ve başarısızlığın kendi kontrolünde olduğuna inanmayan kişiler ise daha çok atalete yatkın olacaktır. Başarılı olmanın *öğrenilebilir bir sonuç* olduğuna inanmak bu açıdan önemlidir.

Kendimiz hakkındaki inançlarımız da neler yapabileceğimizi belirlemektedir. "Yetenekliyim" ya da "Yeteneksizim" şeklindeki inançlarımız performansımızı da etkilemektedir. Aynı şekilde "Başarabilirim" ya da "Başaramam" inancı kritik bir seçimdir.

Atalet üreten inanç ve düşünceler

Aşağıda atalete neden olan en önemli on inanç ve düşünce örneğini bulacaksınız. Bunların hayatınızda etkin olmadığını denetleyerek gidiniz. Herhangi bir durumda bu on inançtan birkaçına sahipseniz ataletinizin o alanda yoğun olduğunu düşünebilirsiniz.

1. *Değişmezlik inancı:* "Böyle gelmiş böyle gider."
2. *Etkisizlik inancı:* "Ben kim oluyorum ki."
3. *Gereksizlik inancı:* "Yapsam da ne değişecek ki."
4. *Yararsızlık inancı:* "Bunu yapmanın bana/şirkete/memlekete hiçbir faydası yok."
5. *Erteleme inancı:* "Daha sonra yapabilirim."
6. *Anlamsızlık inancı:* "Bunu yapmamı istemek çok saçma, aptalca."

7. *Kontrolsüzlük inancı:* "Bunu yapabilmek insanın elinde değil."
8. *Yetersizlik inancı:* "Ben bunu yapmak için henüz yeterli değilim."
9. *Mükemmeliyetçilik inancı:* "En iyisini yapıncaya kadar hiçbir şey yapmamalıyım."
10. *Başaramam inancı:* "Ben bunu başaramam ve hayal kırıklığı yaşarım ya da yaşatırım."

Hareket üreten inanç ve düşünceler

1. *Etki inancı:* "Yaptıklarımla küçük de olsa bir şeyleri olumlu yönde etkileyebilirim."
2. *Katkı ve kazanç inancı:* "Bunu yapmış olmakla hem diğer insanların hayatlarına katkıda bulunacağım hem de kendim için maddi ve manevi kazançlar sağlayacağım."
3. *Kontrol inancı:* "Bu işi yapmak/başarmak daha çok kendi kontrolümde. Ya da kendi kontrolüme almanın bir yolunu bulabilirim."
4. *İç potansiyel ve yeterlilik inancı:* "Bu işleri yapmak için asgari yeterliliklere/yeteneklere sahibim. Yetersiz olduğum noktalarda da kendimi geliştirerek, öğrenerek yeterlilik kazanabilirim."
5. *Gerekirlik inancı:* "Bunu benim ya da birisinin yapması gerekiyor/ya da hayattan istediklerimi almak için bunları yapmam gerekiyor. İstediklerimden vazgeçemediğime göre bunları yapmanın kolay ve eğlenceli bir yolunu bulmalıyım."
6. *Başarabilirim inancı:* "Benim yapanlardan eksik bir yanım yok. Ben de hedef koyup, nasıl yapıldığını öğrenip sonra da eyleme geçersem başarabilirim. Otobiyografileri pek çok başarılı kişinin benim şart-

larımdan geldiğini gösteriyor. Onlar yaptı oldu, ben de yapabilirim!"

7. *Önemlilik inancı:* "Bu benim için olmasa bile başkaları için çok önemli bir iş. Başkaları için önemli olması benim de önem vermemi gerektirir. İstediğim gibi bir hayat kurmak ya da aldığım maaşın karşılığını vermek adına olması fark etmeksizin bunu yapmam gerekiyor."
8. *Disiplin ve sorumluluk inancı:* "Hayatta her zaman canımın istediğini yaparak ya da istemediğini yapmayarak yaşayamam. *Özgür bir insan olmanın sorumlulukları ve kendi kendine yetebilmenin bedelleri vardır. Kendi isteklerim ile sorumluluklarım çatıştığında sorumluluklarımı seçmek özgür insan olmanın gereği ve bedelidir.* Başkaları tarafından bir şeyler yapmaya zorlanmamak için özdisiplinimle kendimi denetlemeli ve görevlerimi yapmalıyım."
9. *Organizasyon ve planlama inancı:* "İşlerimi yapmak için zamanım da enerjim de yetersiz değil. Diğer insanlar da aynı zaman ve enerji kaynaklarına sahip. Yapmam gereken işleri önem ve aciliyet kriterlerine göre sınıflayarak planlayabilirim. Böylece işler arasında boğulmadan başarmak ile yaşamak arasında bir denge kurabilirim."
10. *Öğrenebilirlik inancı:* "Başarılı olmak öğrenilebilir. Mutlu olmak da öğrenilebilir. Bir insanın başarabildiği her işi ben de başarmayı öğrenebilirim. İnsani olan hiçbir şey öğrenmeyle başarılamayacak zorlukta değildir."

3. Duygusal durumu değiştirmek

Atalet çarkının üçüncü dişlisi duygusal durumumuzdur. Duygusal durumumuz düşüncelerimiz ve bedenimizin sağladığı geribildirimlerle şekillenir. Bu duygulardan bazıları güçlendirici, pozitif, mutluluk verici iken bazıları güçsüzleştirici, performans düşürücü, negatif ve üzüntü vericidir. Duygularımızı seçme gücü bize aittir.

Beynimizin nasıl çalıştığını ve duygularımızın nasıl oluştuğunu anlatan kitaplar okuyarak bu sistemimizi nasıl çalıştırabileceğimizi öğrenebiliriz. Tıpkı arabayı, bilgisayarı kullanmak gibi! Duygularımızı yönetemememizin nedeni duygularımızın yönetilemez olması değil, bizim onlar hakkından bilgi sahibi olmamamızdır.

Bazı duygular atalet halinin daha kalıcı olmasını sağlarken bazıları atalet duygusuna son verir. Atalet kıran ve atalet oluşturan duyguları tanımak kişisel, kurumsal ve ulusal ataleti kırmaya aday olanlar için çok önemlidir. Size bu sınıflamayı aşağıda hazır olarak sunuyoruz. İsterseniz listeyi daha da genişletebilirsiniz.

Atalet üreten duygular

1. *Kararsızlık duygusu:* ne yapması gerektiğine karar verme güçlüğü. "Öyle mi yapsam, böyle mi yapsam, yoksa şöyle mi yapsam! En iyisi hiç yapmamak. Yapsam mı acaba?"
2. *İsteksizlik duygusu:* hiçbir şey yapmayı istememe. "Canım bugün hiçbir şey yapmayı istememeyi istiyor!"
3. *İlgisizlik:* merak duymama ve olaylara, insanlara kayıtsız kalma. "Bana ne! Bana neden sana ne?"
4. *Tükenmişlik:* yorgun, yılgın ve bezgin bir halde olma.

"Dünyayı sırtımda taşıyorum sanki. Oldum Bezgin Bekir!"

5. *İncinme ve alınganlık:* hayata ve insanlara küsmek! "Anne, okulda beni kimse sevmiyor. Saçımı çekiyorlar!"
6. *Aşırı yüklenme ve baskı duygusu:* işin çok, zamanın ve enerjinin az olduğunu yoğun olarak hissetmek. "Çook çalışmam lazım anne çook. Öğretmen derste hep beni seçiyor!"
7. *Çaresizlik ve kontrolsüzlük:* rüzgâra kapılmış bir "yaprak misali" sürüklenme duygusu!
8. *Engellenmişlik hissi:* kendini gerçekleştirmesine engel olan, kendinden daha güçlü kişilerle başa çıkamamaktan dolayı yaşanan öfkeyle karışık üzüntü duygusu.
9. *Suçluluk duygusu ve vicdan azabı:* kendi değerlerine ters düşme kaygısından dolayı çekingen davranma.
10. *Korku, hayal kırıklığı, özgüven ve özsaygı yetersizliği:* kendine karşı güven ve saygı duygusu taşımama.

Hareket üreten duygular

1. *Kararlılık ve cesaret:* zorluklar karşısında yılgınlığa düşmeyip sonuç alıncaya kadar direnmek.
2. *Coşku ve moral:* İçteki isteğin coşarak kişiyi bir şeyler yapmaya zorlaması. İstiklal Marşında denildiği gibi: "Hangi çılgın bana zincir vuracakmış şaşarım/yırtarım dağları enginlere sığmam taşarım."
3. *Onur ve takdir duygusu:* içimizdeki şövalyenin açığa çıkıp bizi asil bir şeyler yapmaya davet etmesi. Cesur Yürek filminde denildiği gibi: "Her insan bir gün ölür. Ama şerefli bir şekilde ölmek fırsatı bir kez daha karşınıza çıkmayabilir!"

4. *Sevgi ve yakınlık:* sorgulamaksızın kabul edilen birlikte bir şeyler yapma önerisi. "Seninle birlikteyken ya da senin için yaptığım işlerde hiçbir çaba sarf etmiyormuşum hissi yaşıyorum."
5. *Hırslanma ve agresiflik:* Yarışmacı yanımızın açığa çıkarak tüm gücünü toplayıp dünyaya meydan okuması. "Beni (ya da bizi) hiç kimse yenemez. Ben senden daha iyiyim!"
6. *Başarı hissi ve kazanma tutkusu:* aklımızda havuç resmi, ağzımızda havuç tadıyla havuç peşinde koşmak. "Başarınca olacakları bir düşünüyorum da..."
7. *Canlılık ve heyecan:* kendini bir enerji santralı gibi hissedip aydınlatılacak ampul aramak.
8. *Merak ve şaşkınlık:* "gerçekleri" çözmeye yönelik engellenemez istek.
9. *Özgüven ve kontrol duygusu:* "Ben bu işi başarmak için yeterliyim ve bu işi başarmak ya da başaramamak kendi ellerimde."
10. *Güven ve emin olma duygusu:* "Ait olduğum kuruma ve birlikte yaşadığım insanlara güveniyorum. Bunu başarabileceğime eminim."

4. Davranışları değiştirmek

Davranışlar düşüncelerimizin somutlaştığı, belirginlik kazandığı yerlerdir. Sigara içmek, yemek yemek, yazı yazmak, telefon etmek, kitap okumak, alkış tutmak, konuşma yapmak, kafasını sağa ya da sola çevirmek, tüm bunlar birer davranıştır. Atalet "davranışsızlık hali" demektir. *İnsan her halükârda bir şeyler yapmak zorunda olduğu için –yemek yemek, tuvalete girmek, su içmek gibi– davranışlar seçim değil mecburiyettir. Mutlak anlamda "davranışsızlık" mümkün değildir.*

Bu nedenle " davranışsızlık/eylemsizlik hali"nden

1. *Yapması gereken (yapılması çok önemli olan) davranışları yapmamak ve/veya*
2. *Yaptığı davranışları ağır, hantal ve çok yavaş yapmak anlaşılmalıdır.*

Bazı davranışlar atalet duygusu oluşturmaya yatkınken bazıları hareket oluşturabilmektedir. Aşağıda bu iki tip davranışlara örnekler verilmiştir.

Atalet üreten davranışlar

1. *Zorlama davranışlar "zorlayıcı" gidince ortadan kalkar.* Örnek çavuşu başında iş yapmak. Çavuş gidince atalet gelir!
2. *Cezalandırılan davranışlar bir süre sonra söner.* Bu da eylemsizliğe neden olur. Örneğin ilk denemesinde yaptığı ilk hatada şiddetli bir şekilde cezalandırılan personel bir daha o denemeyi yapmayacaktır.
3. *Sonunda hayal kırıklığı yaşanmış davranışlar genellikle tekrarlanmak istenmez.* Bu da eylemsizliğe neden olur.
4. *Süreci zor ve sıkıcı olan davranışlar genellikle tekrarlanmaz.* Kitap okumayla ilk defa sıkıcı ders kitaplarıyla tanışan pek çok çocuk tüm kitaplara karşı olumsuz tavır geliştirerek okuma ataletine düşer.
5. *Uyumsuz ve ahenksiz bir ekip içerisinde gerçekleştirilen davranışlar genellikle tekrarlanmak istenmez.* Bu da eylemsizliğe neden olur.

6. *Yapılırken acı çekilen davranışlar genellikle tekrarlanmak istenmez, eylemsizliğe neden olur.* Örneğin diş çektirmek!
7. *Aşırı derecede reddedilmeye neden olan davranışlar genellikle eylemsizliğe neden olur.* Örneğin zor müşterilere satış yapmak ya da satışı zor bir malı satmaya çalışmak.

Hareket üreten davranışlar

1. Ödüllendirilen davranışlar kendini daha çok tekrarlatır.
2. Sonucu başarılı olan davranış kendini daha çok tekrarlatır.
3. Süreci kolay olan davranış kendini daha çok tekrarlatır. Örneğin TV seyretmek de kitap okumak da davranıştır. Ancak TV seyretmek daha kolay ve eğlendirici olduğu için daha çok tercih edilmektedir.
4. Ekip içinde uyumlu ve ahenkli bir şekilde yapılan davranışlar kendini tekrarlatır.
5. Coşkulu davranışlar hareket üretir.
6. Yapılırken zevk alınan davranışlar kendini daha çok tekrarlatır.
7. Çevre tarafından onaylanan ve takdir edilen davranışlar tekrarlanır.

Atalet üreten sonuçlar

1. Başarılacağına kesin olarak inanıldığı halde başarısız olunan sonuçlar: "Yıkıldım. Bir daha deneyemem."
2. Uğruna çok çaba harcandığı halde çok az fayda sağlayan sonuçlar: "O işi yapmaya değmez."

3. Defalarca denendiği halde başarılamayan sonuçlar: "Bu defa da olmayacak."
4. Elde edilmesi başkaları tarafından engellenmiş olan sonuçlar: "Benim elimde değil ki."
5. Elde edilme sürecinde kişiye çok defa aşağılanma ve reddedilme duygusu yaşatan sonuçlar: "Bir daha asla!"
6. Herkesin hiç zorlanmadan elde edebileceği sonuçlar: "O da bir şey mi. Herkes yapabiliyor."

Hareket üreten sonuçlar

1. Az çabayla çok şey kazandıran sonuçlar.
2. Defalarca başarıyla gerçekleştirilen sonuçlar.
3. Elde edilmesi kişinin kendi ellerinde olan sonuçlar.
4. İlk denemede başarılan sonuçlar.
5. Büyük bir iddia ve meydan okuma ile hedef konulan ve elde edilen sonuçlar.
6. Çok az kişinin gerçekleştirebileceği bir sonuç.

Burada hayatınız boyunca unutmamanız gerektiğini düşündüğüm beş kritik noktayı tekrarlamak istiyorum:

1. *Karşılaştığımız olayı yorumlama şeklimiz duygusal durumumuzu belirliyor.* Duygusal durumumuz ise davranışlarımızı belirliyor. Davranışlarımız ise ürettiğimiz sonuçları (başarı ya da başarısızlık) belirliyor. Gömleğimizin en üstündeki düğmeyi bir alt deliğe iliklediğimizde nasıl ki diğer tüm düğmeler de yanlış deliğe ilikleniyorsa, yararsız yorum şekli de yararsız duygular, yararsız duygular ise yararsız davranışlar üretir. Evrensel bir bilgelik şöyledir: "Düşüncelerine dikkat et, söze dönüşürler; sözlerine dikkat et, eyleme dönüşürler; eylemlerine dikkat et,

alışkanlık olurlar; alışkanlıklarına dikkat et, kişiliğin olurlar; kişiliğine dikkat et, kaderini biçimlendirir."

2. *Doğru ya da yanlış yorum şekli yoktur.* Çünkü doğrular izafi(göreceli)dir. Doğru ya da yanlış olan yorum şeklinden emin olamayabiliriz ama yararlı ya da zararlı olan yorum şeklini ayırabiliriz. *Zararlı yorum şekli bizi atalete iten, yararlı yorum şekli ise bizi eyleme davet eden yorum şeklidir.* Eğer haklılık ya da doğruluk açısından bakarsak kötümserlerin kazanma ihtimalleri her zaman daha fazladır! Ne var ki, ilerlemek istiyorsak iyimser düşünmek ve bir şeyler yapmak zorundayız. Unutmayın, kötümserler daha çok haklı çıkarlar ancak önünde sonunda kazananlar iyimserlerdir! Bu, talihin ilginç bir taktiğidir.
3. *Olayları bizleri güçlendirecek, eyleme sevk edecek şekilde yorumlamak ya da bizi güçsüzleştirecek, atalete sürükleyecek şekilde yorumlamak kendi elimizdedir.* Başımıza gelen iyi ya da kötü her olayı kendimizi harekete geçirmek için kullanabiliriz. Aynı şekilde başımıza gelen iyi ya da kötü her türlü olayı kendimizi atalete düşürmek için de kullanabiliriz. Duygularımızı seçim gücü bize aittir. Başarılı atalet kırıcılar, kötü olayları ataletleri kıracak ve insanları eyleme sevk edecek şekilde yorumlayabilen/anlamlandırabilenlerdir.
4. *Atalet sadece bir duygusal durum değildir, bir paradigmadır.* Ataletin bir zihniyeti vardır. Zihniyet kendine özgü inançları, düşünceleri, duyguları ve davranışları olan akıl kalıbıdır. Belli inançlar, belli düşüncelerle birleşerek belli duyguları oluşturur ve bu duygular da atalete neden olur. Ataletin kökleri inançlar, bilgiler ve deneyimlerdedir. Depresyon duygu-

su ve eylemsizlik aysbergin görünen yüzüdür. Sivrisineklerle uğraşmayıp bataklığı kurutmayı düşünenler ise atalet üreten zihniyete müdahale eder. *İnsanların atalet üreten zihniyetlerini hareket üreten bir zihniyetle değiştirmedikçe bulduğunuz her atalet kırıcı yol geçici olarak işe yarayacaktır.* Kalıcı çözüm için atalet yaratan paradigmayı beyinden sökmelisiniz!

5. *İnsanlar olayları yorumlama kalıplarından ya da tarzlarından birini seçer ve sürekli olarak onu kullanırlar.* Örneğin atalet halinde yaşayan insanlar genellikle olayları atalet halini besleyecek şekilde yorumlarlar. Sürekli hareketli ve aktif yaşayan insanlar ise olayları kendilerini daha çok eyleme geçirecek tarzda yorumlayan bir paradigma kullanırlar.

HANGİ DUYGULAR ATALET, HANGİLERİ HAREKET YARATIR?

Herhangi bir anda, aniden durup kendi içine dönmek; o anda hangi duyguyu yaşadığını, o duyguyu hangi yoğunlukta yaşadığını, o duygunun davranışları üzerindeki etkisinin neler olduğunu algılamaya *"duygusal farkındalık"* denir. *Duygusal farkındalık, kendi iç hallerini gözlemektir.* Duygusal farkındalığı yüksek kişiler atalet duygusunu daha oluşuyorken fark edebilirler.

Duygusal farkındalığın tersi duygusal körlüktür. Duygusal körelme yaşayan kişiler kendi iç hallerine karşı *ilgisiz* yaşarlar. Psikolojik mekanizmaları onları yönetmeye devam eder ancak onlar bu mekanizmanın nasıl çalıştığı ve duygularının kendisini nasıl etkilediğini bilmek istemezler. Bu bölümde ataletin duygusal kimyasını tanımaya çalışacağız.

Ataletin duygusal bileşenlerini incelerken, motivasyonu özel bir yere koymak gerekiyor. *Motivasyon (coşku) ile atalet birbirinin tersi duygulardır.* Motivasyon, *"Bir amacı gerçekleştirme yönünde güçlü bir istek sahibi olmak" demektir. Atalet ise "hiçbir şey yapmak istememe hali"dir. Atalet ile motivasyon ters orantılıdır.* Yüksek motivasyon ile atalet, ateşle su gibidir, aynı yerde barınamaz.

Ataletin duygusal kimyasına baktığımızda, sevmediğimiz bazı duyguların atalet hakkında özel işaretler verdiğini görebiliriz. *Mesela can sıkıntısı eylemsizlik haline verilen bir tepkidir.* Canınız en çok bir şey yapmadığınız zamanlarda sıkılmaya başlar. *Can sıkıntısı eyleme davettir.* Fiziksel ya da zihinsel bir atalete kapılmaya başladığınızı gösteren bir işaret fişeğidir. Can sıkıntısı sizi içten "dürterek" size bir şeyler yaptırmaya çalışır. Can sıkıntısını yenmenin yolu "faaliyet tedavisi" uygulamak, boş boş oturmayıp anlamlı ve yararlı bir şeyler yapmaktır. Askerde zamanın geçmediğini düşünenler hiçbir şey yapmayanlardır. Bu nedenle de *"Boş duran kötü(mser) düşünür"* deyişi erler arasında çok yaygındır.

Aynı şekilde *Eustres* de ataleti yenmek için yararlı bir duygudur. Bu kavram, Türkçe'ye "iyi stres" olarak çevrilebilir. Bu kavramı *"Kabul edilebilir düzeyde kaygı ve baskı altında bulunmak"* diye tanımlayabiliriz. Hiçbir kaygı taşımamak, kayıtsızlık ve hareketsizlik durumuna neden olur. Aşırı iş ve zaman baskısı altında bulunmak da bizi yorgun düşürüp halsiz bırakabilir. Hareketli bir hayat için stresin azı yararlı, çoğu zararlıdır.

Atalet duygusundan korunma konusunda gereken şeylerden biri de, iyimser bir hayat felsefesidir. İyimserlik ve umutluluk dünyanın iyi bir yer olduğuna, iyi niyetlerin iyi sonuçlar getireceğine, her hal ve şartta istenilen sonucu almanın bir yolunun olduğuna *inanmayı seçmektir.* İyimserler amaca götüren bir yolun mevcut olduğuna inandıkları için sitem etmek yerine o amaca götürecek yolları bulmaya çalışırlar.

"İnsanlar başarısızlıklarını kendilerindeki bazı değişmez eksiklere bağlıyorlarsa, umutlarını kaybedip çaba harcamaktan vazgeçerler. Unutmayalım ki, yenilgi ya da başarısızlıkların etkileyebileceğimiz koşullardan kaynaklandığına ilişkin temel inanç iyimserliğe yol açar" diyen Daniel Goleman, motivasyon seviyesi yüksek kişilerde üç yeterlilik olduğunu savunuyor:

"Sıra dışı performans gösteren kişilere özgü üç motivasyon yeterliliği vardır:

1. Başarma dürtüsü: gelişmeye ya da bir mükemmellik düzeyini yakalamaya çalışmak.
2. Kendini adamak: kuruluşun ya da grubun vizyon ve hedeflerini benimsemek.
3. İnisiyatif ve iyimserlik: insanları fırsatları yakalamak için seferber eden, yenilgi ve engelleri göğüslemelerini mümkün kılan ikiz yeterlilikler."

Başarı için gereken ideal ruh ve kişilik hali nasıldır? *Başarılı kişi, kayıtsız kalamayacak kadar kaygılı, korkmayacak kadar sakin; hareketsiz kalamayacak kadar yoğun ama yaşam yorgunu olmayacak kadar dingin; olduğu yerde duramayacak kadar hırslı ama kaybedince kendi kendini yemeyecek kadar da kalender; işi başarabileceğine inanacak kadar kendine güvenen ama her şeye yetebileceğini düşünüp ego yapmayacak kadar da haddini bilen insan olmalıdır.*

Duygularımızın özellikle atalet oluşumuna etkilerinin nasıl olduğunu, hangi duygunun ataleti nasıl etkilediğini bu kısımda analiz edeceğiz. Bu incelemeyi yaparken de duygularımızı *atalet oluşturmaya yatkın olan* ve *yatkın olmayan* diye ikiye ayıracağız.

Atalet oluşturmaya yatkın duygular

1. İncinme ve alınganlık

İnsanlar beklentileri karşılanmadığında ya da reddedildiklerinde bu duyguları yoğun olarak yaşarlar. *İncinme ve alınganlık insanların içlerine dönmesine ve iletişim kanallarını kapatmasına neden olur.* Bu kapanma eylemsizlik ve isteksizlik yaratacaktır.

2. "Direnme" ve inatlaşma

İnsanlar birtakım değerleri ya da inançları ihlal edildiğinde bu duyguları yoğun olarak yaşarlar. Husumet, "kafaya takma" ve "içerleme" Asyatik toplumlarda temel atalet oluşturuculardandır. "Eğer duygularımızı biz yönetmezsek, bu duygular bizi yönetir" diyen Erdal Atabek, *"Azimle inat arasındaki fark, akıldan başka bir şey değildir. Akılla direnme azimdir, akılsız direnme inat"* diyor. Öfkelenen ve öfkesinin kendisinden istediği davranışı yapamayan kişi depresyona ve atalete yakalanır. Nefret ve inatlaşma kızgınlık duyulan kişinin yapılmasını istediği şeyi yapmama yönünde direnç yaratır. Direnç de isteği bastırarak atalet oluşumuna neden olur.

3. Özgüven yetersizliği

Hedeflenen şeyi elde edebileceğine inanmamak ya da o hedefi elde etmek için gerekli olan asgari yeteneklere sahip olmadığını düşünmek "Boşa kürek sallamayayım" fikriyle birleşince kişiyi eylemsizliğe sürükler. Kişiler elde edemeyeceklerine inandıkları şeyler için çaba da harcamak istemezler. *Değersizlik duygusu da atalet yaratır. Ataletli insanlar kendini ve dünyadaki yapacağı etkiyi önemsemeyen insanlardır.* Hak ettiği değeri bulamadığını düşünen kişi küser ve kendi içine döner. Özellikle sanatçı ve yazarların ataletlerinin temelinde bu duygu vardır.

4. Aşırı yoğunluk ve zaman yetersizliği duygusu

Başarılı olmak için başa çıkamayacakları kadar çok iş yapmaları gerektiğini düşünenlerin yaşadığı bir duygudur. Zamanın sınırlı olduğu düşüncesinin yaptığı baskı *aşırı yüklenme duygusunu* daha da ağırlaştırır. Yapılması gereken işler listesinin kabarık, trafiğin sıkışık, zamanın sınırlı, görüşmelerin yoğun olduğu dönemlerde yaşanan bir duygudur. Günümüzde iş dünyasında en sık karşılaşılan ruh hallerinden biridir. Bir gün tüm bu işlerin biteceğini ya da azalacağını umarak çalışan kişiler yıllar geçtikçe işlerin azalmayıp arttığını görünce "fare yarışına dayalı varoluş biçimini" sorgulamaya başlar. Bu sorgulama süreci işlerin ağırlığını daha da artırır.

Ataletli insanlar hiçbir şey yapmak istemezler. Aktif insanlar her şeyi yapmak isterler ama zamanları yetmez. Etkin insanlar ise yapması gereken işleri önem ve aciliyet sırasına göre sınıflayarak, çalışma ile eğlenme arasında denge kurarak iş yaparlar.

5. Üzüntü ve depresyon

Atalet halinin temel duygusu depresyondur. Depresyon ataleti, atalet de depresyonu besler. Depresyon yaşayan kişiler her şeyin anlamsız olduğunu düşünür, uyuma ve enerji sorunları yaşarlar. *Depresyonun en önemli iki göstergesi; karar verme güçlüğü ve hiçbir şey yapmayı istememektir.* Depresyon kişinin başına gelen olayları belirli bir şekilde yorumlamasının sonucudur. *Depresyonda olduğunun bilincinde olmak bazı kişilerde depresyonu daha da derinleştirir.* Umutsuzluk, çaresizlik ve kendini değersiz hissetme depresyona refakat eden duygulardır. *Öfke, hayal kırıklığı, korku, reddedilme ya da suçluluk duygusu kişiyi depresyona itebilir. Depresyon bu tür duyguların ağırlaşmış halidir.* Üzüntü de depresyona katkıda bulunan ve ona eşlik eden bir duygudur. Bakırköy Ruh Sağlığı Hastanesi'nin yaptığı bir araştırmaya göre her 10 Türk'ün biri depresyon halinde yaşamaktadır. Bu istatistik kişisel ataletin yaygınlık oranı hakkında da fikir verebilmektedir.

6. Çaresizlik ve kontrolsüzlük

Bir kişinin hayatının kontrolünden çıktığını düşündüğü zaman yaşadığı ruh halidir. Kaderimizi ve kariyerimizi etkileyen ancak bizim kontrolümüzde olmayan kötü olaylar çaresizlik duygusu yaratır. Çaresizlik duygusu sonuç almanın kendi elimizde olmadığı inancına dayandığı için "Ne yapsam boşuna" düşüncesi oluşturur. Kadercilik anlayışı, çaresizlik ve kontrolsüzlük duygusu yaratarak atalete neden olur. Bir toplumun teknolojik gelişmişlik seviyesi ne kadar yükselirse kontrolsüzlük duygusu o oranda azalacaktır. Çünkü teknoloji geliştirme, insanın doğaya ve belirsizliklere egemen olma sürecidir.

7. Korku, güvensizlik ve hayal kırıklığı

Korku "ilk denemeyi" yapmaya cesaret edememek, hayal kırıklığı "bir daha denemeye" cesaret edememek şeklinde kendini gösterir. Her iki durumda da kişi zarar görme ve acı çekme endişesi içindedir. Hayal kırıklığı yaşamak "Böyle gelmiş böyle gider" inancını ve hiçbir şeyin değiştirilemeyeceği düşüncesini beraberinde getirdiği için insanlarda eylemsizlik hali yaratır. *Şüphe, belirsizlik ve kestirilemezlik duygusu güvensizlik yaratarak insanları eylemsizliğe sürükler.*

Korku ise genellikle yetersizlik düşüncesinden doğar. Kabul edilebilir düzeyde kaygı ataleti kırar ve insanları diri tutar. Aşırı ve ani korku ise şok etkisi yaratarak kişinin düşünme mekanizmasını bloke edip onun zihninin kilitlenmesine, gözüne araba farı tutulmuş tavşan gibi hareketsiz kalmasına neden olur.

8. Engellenmişlik hissi ve haksızlık duygusu

Engellenmişlik hissi yaşayan kişiler yoğun bir hırs taşıyorlarsa bu engellendikleri sürede kendilerini daha da "bilerler". Bu, hırslanma sürecidir. Ancak amaçlarını gerçekleştirmek için sönük bir istek taşıyorlarsa pes edecek ve atalete düşeceklerdir. Türkiye'de atalete düşmeden önce yaşanan duyguların başında engellenmişlik hissi gelir.

9. Yorgunluk ve bitkinlik duygusu

Yaşam enerjisinin ve yaşama sevincinin tükendiği duygusuna kapılan insanlar kolaylıkla atalete düşmektedir. İdeallerine ulaşmak için kullanabilecekleri iç kuvvetlerinin artık yetmediğini gören insanlar atalete düşecektir. Bu duygu bedende ya da beyinde bitkinlik duygusu şeklinde yaşanabilir.

İnsanı harekete geçirmeye yatkın duygular

Bazı duygular vardır ki, onları hayatımıza katmak atalet psikolojisini dağıtır, söylemci değil eylemci insanlardan olmamızı sağlar.

1. Cesaret ve kararlılık

Cesaret, uyuşmuş ruhları harekete geçirebilen büyülü bir duygudur. Özellikle korku nedeniyle atalete kapılmış insanlar bir liderin korktukları şeyin üzerine gittiğini gördüklerinde güçlü bir hırs ve heyecan ile o hedefe saldırırlar. Atak, risk alabilen, gözü pek insanlar atalete nadiren düştükleri gibi, başkalarının ataletlerini kırmakta da oldukça başarılıdırlar.

2. Coşku ve moral

Coşku, başarılı bir iş yapma isteğinin kişinin içinde yoğunlaşarak taşkınlık yapması halidir. Olumlu ve eyleme dönük bir zihin ikliminde yaşamaktır. Yoğun bir coşku eyleme davettir. Engellenemez düzeyde bir şeyler yapma isteğine sahip olmaktır. Coşku, ataletin tersi olan duygudur. Coşku varsa atalet yoktur. Coşkuya refakat eden duyguların başında neşe gelir. Neşeli ve içi kıpır kıpır olan insanlar atalete kapılsa da kısa süre içinde bu ruh halini yenerler.

3. Sevgi ve samimiyet

Sevgi kötülükleri eritebilme gücü kadar ataleti kırma potansiyeline de sahiptir. *Sevgi, yakınlık ve samimiyet ilişkilerdeki problemlerden doğan ataletleri eritir. Aradaki "soğuklukları" ortadan kaldırır.* Atalet halindeki bir insanı harekete geçirebilecek ilk insan o kişinin en sevdiği insandır. *En yakın dostlarımız biz atalete düştüğümüzde en çok hareketlenen insanlardır.* Depresyon çoğu kez sevilmeme ve dışlanmışlık duygusunun sonucudur. Sevgi ile sarılıp sarmalanan bir kişi ataletlerini kırmak için muhtaç olduğu iç ve dış desteği bulmuş demektir.

4. Hırslanma duygusu

Bir haksızlığa uğradığını düşünme, elde edebileceği bir şeyi elde etmesine izin verilmeme, adil olmayan oyun kuralları ile engellenme insanlarda hırslanma ve agresiflik duygusunu uyandırır.

Öfkede inanılmaz güçlü bir potansiyel vardır. *Gündelik hayatta bu güçten yararlanmanın en iyi yolu sık sık yarışmak ve yarışırken de rakiplere meydan okumaktır.* Boksör Muhammed Ali bu tekniği çok iyi kullanmış, her maçtan önce rakibi aşağılayan, kendisini öven şiirler okuyarak ringlere "psikolojik harp" sanatının inceliklerini getirmiştir. Mary

Wollstonecraft'ın deyişiyle *"Yeteneklerin en fazla geliştiği zaman, insanın bütün dünyayı karşısına aldığı dönemdir."* Şimdi siz de tüm tanıdıklarınızı arayıp bir ay içerisinde "fazladan taşıdığınız" kiloları vereceğinizi iddialı bir şekilde söyleyip –hatta bir ödül koyup– onlarla "iddiaya" girebilirsiniz. "Kilolu ama gururlu" biriyseniz, bu yöntem işe yarayacaktır!

5. Başarı hissi ve kazanma tutkusu

Başaramayacağına inanma ya da yenilgiden korkma nedeniyle oluşan ataletleri kırmak için en güçlü "psikolojik silah" başarı duygusudur. *Kişiler daha maça başlamadan kazanacaklarına inanıyorlarsa inanılmaz bir mücadele gücüne sahip olurlar.* İnsanlara bunu yaptırabilmenin yolu onlara bir olabilirlik modeli (mümkün olanın bir yolu) sunmaktır. İstenilen sonucun alınmasını sağlayacak inandırıcı ve gerçekçi bir model *başarabiliriz inancı* yaratır. Ortaya bir olabilirlik modeli koymak başarı hissi oluşturmak için gereklidir ancak yeterli değildir.

İkinci olarak *"sonuçları önceden yaşama"* uygulaması yaptırılmalıdır. Onlara *"Başarmış olsaydık neler yaşardık? Sevincimizi nasıl yaşardık?"* gibi bir soru sorarak başardıktan sonra yaşayacakları coşku selini önceden yaşatmak gerekir. Daha işi yapmadan o iş başarıyla yapıldığında yaşanacakları insanların zihninde başarıyla canlandırabilirseniz, hemen eyleme geçmek isteyeceklerdir. Başka bir ifadeyle kişilere peşinde koştukları havucun tadını daha o havucu elde etmeden canlı bir şekilde yaşatabilirseniz hemen havuca saldıracaklardır. İşte bu nedenle bir Amerikan özdeyişinde *"Başarı hissi kadar insanı kavgaya hazır hale getiren hiçbir şey yoktur"* denir.

6. Canlılık ve heyecan

Canlılık bedenimizde ve beynimizde hissettiğimiz zindelik ve dirilik halidir. Ataletsavar insanlar son derece "enerjik" insanlardır. İşlerini pozitif ve ilk günkü gibi heyecanla yapmaya çalışırlar. Kendi fiziksel ve zihinsel enerjilerini nasıl yönetebileceklerine dair bir politikaları vardır.

7. Merak ve şaşkınlık

Bilinen bir şeyin beklenmedik bir şeye dönüşmesi insanlarda şaşırma duygusu yaratır. Atalet hali içinde yaşayan insanlar her şeyin kötü olduğu ve daha kötüye gideceği konusunda emindirler. Atalet bir negatif duygusal paterndir. Duygusal paternleri kırmanın en etkili yolu da şaşırtmadır. Şaşıran insanlar hangi duygusal tavrı takınacaklarını bilemedikleri için en azından "nötr" bir duygusal "mod"a geçerler. Bu ise beyaz bir sayfayla başlamak demektir. Merak duygusu ise entelektüel ataletin panzehridir.

8. Kendine güvenme ve kontrol duygusu

Hedef koyduğu işi başarabilmek için yeterli olduğunu düşünmek kişileri eyleme sevk eder. Özellikle kendine güvenmeme nedeniyle atalete düşmüş kişilere özgüven aşılamak mucizevi değişiklikler yapabilmektedir. Kontrol duygusu sonuç alabilmenin kendi elimizde, inisiyatifimizde, denetimimizde olduğu inancıdır. *Batı toplumları ile Doğu toplumları arasında hayatımızın iplerinin kimin elinde olduğu konusunda iki farklı düşünce hâkimdir.* Batı kültürü kişinin başarı ya da başarısızlığının, zenginliğinin, mutluluğunun, sevme-sevilme düzeyinin daha çok kendi ellerinde (kontrolünde) olduğunu savunur. Bu nedenle kendi inançlarını, düşüncelerini, duygularını, kararlarını ve davranışlarını tanımaya ve yönetmeye büyük önem verir.

Kişisel "atalet duygusu yönetimi" politikanız nasıl olmalı?

Buraya kadar duygular ile atalet arasındaki ilişkileri analiz etmeye çalıştık. Şimdi bu analizleri kendi hayatınızda nasıl kullanacağınızı bulmalı ve bulduklarınızı uygulamalısınız. Fikir vermesi için birkaç örnek:

1. *Ekip oluştururken atalete yatkın olan kişileri eleyebilirsiniz.* Bazı insanların duygularını değiştirmek onları başka bir insanla değiştirmekten daha kolaydır!
2. *Yakın arkadaş çevrenizi "ataletsavar" kişilerden seçebilirsiniz.* Bu seçim çok önemlidir. Çünkü hayatımızı en çok kimlerle geçiriyorsak, bize en çok onların ruh halleri bulaşır.
3. Kurumunuzun en ataletli departmanının hangisi olduğunu bulup onları "karantinaya almak" ve ataletten kurtulmalarını sağlamak için neler yapmanız gerektiğini düşünebilirsiniz.

4. *Oy vereceğiniz politikacıların sadece diplomalarına değil duygusal tanımlarına da dikkat etmelisiniz.* Bir kişinin duygusal tanımını tespit edebilmek için gözünüzü kapatıp o kişinin resmini gözünüzün önüne getirmelisiniz. *Onu düşünmek sizde hangi duyguyu hissettiriyorsa o kişinin duygusal tanımı odur.*
5. Ataletkıran ve/veya atalet oluşumunu engelleyen duyguları kendi beyninizde ve firmanızın bünyesinde daha fazla nasıl oluşturabileceğinizi planlayabilirsiniz.

ATALETTEN KURTULMAK İÇİN MOTİVASYONUN GÜCÜNÜ KULLANMAK

İstekleriniz uyanınca ayaklarınız hafifler.

Atasözü

Hiç düşündünüz mü, futbolcuların bir maçta harika, bir diğer maçta vasat oynamasına ne sebep oluyor? İkisi de aynı kişi olduğuna göre değişen ne? Öğrencisiniz varsayalım. Sınava hazırlanırken aynı dersten bir gün 60 sayfa ezberleyebilmişken, ikinci gün 40 sayfa okuyamıyorsunuz. Siz aynı siz ders aynı ders olduğunuza göre farkı yapan ne? Ya da bir tekstil firmasında yöneticisiniz varsayalım. Üretim kayıtlarında baktığınızda çalışanların bir gün 300, bir başka gün 200, bir sonraki gün 250 gömlek diktiğini görüyorsunuz. Personel aynı olduğuna göre değişen ne? Ya da bir at yarışı izleyicisisiniz varsayalım. Yarışan atlar, yarış yeri ve yarış şartları aynı olduğu halde neden birinci gelen at değişiyor? Her şey aynı olduğu halde değişen ne?

İnsanların yapabileceklerinin limitini eğitim ve yetenek düzeyleri, yaptıklarının limitini ise moral ve motivasyon seviyeleri belirler. O halde kendi iç kaynaklarımızı kullanma düzeyimiz ve elimizden gelenin en iyisini yapmamız doğrudan motivasyon seviyemize bağlıdır.

Motivasyon nedir?

Motiv, davranışların altındaki istek ve ihtiyaçları ifade eder. Motivler iki halde bulunurlar: aktif ve pasif hal. Başka bir ifadeyle "uyarılmış" ve "sönük" hal. Motivler hep vardır ancak bazen aktif, bazen pasif halde olurlar. Motivin aktif hale gelmesi "hemen tatmin beklentisi" içinde olduğunu gösterir. Bu uyarılmışlık motivasyonu yaratır. Bu nedenle motivler kalıcı, motivasyon geçicidir.

Kişisel gelişim terminolojisinde motive olmuş halde yaşamaya "coşkulu yaşama sanatı" denmektedir. Bu kitapta motivasyon kelimesi "bir isteği" oluşturmak, o isteği şiddetlendirmek, o isteğe bir yön ve amaç göstermek, o amacı elde etmek için kişiyi eyleme geçirmek anlamında kullanılmıştır.

Motivasyonun başarıdaki rolü nedir? Dale Carnegie'nin deyişiyle: "*Başarı yolunda sürat, isteğin şiddeti kadardır.*" Başarılı olmak, güçlü bir istekle başlar.

Atalet yetersiz isteğin işaretidir

Bir insanın yapılması gereken iş karşısında iki temel tavrı olabilir:

1. *O işi yapmayı istiyor olabilir.*
2. *O işi yapmayı istemiyor olabilir.*

Kişi işi yapmayı istemiyor ise yapılması gereken "Peki istemeyi ister miydin?" diye sormaktır. Kişi *istemeyi de istemiyorsa* onun için yapabileceğiniz pek bir şey kalmamaktadır.

Atalet isteğin iktidarsızlığından doğar. Yeterince güçlü bir istek karşısında atalet oluşamaz. Bir insan bir konuda harekete geçmiyor ise, o konuda yeterince istekli değil demektir. *İstediğini sanmak ile gerçekten istemek aynı şey değildir.* Yüz üzerinden kaç şiddetinde istiyorsunuz? Yüzde 99 oranında istediğiniz bir şeye karşı atalet sizi durduramaz. Eğer yüzde 5 oranında istiyorsanız, istememe oranınız isteme oranınızdan daha fazla olduğunu için, o amaca yönelik harekete geçemeyecek, atalet halinde duracaksınız. *Atalet hiç istememeyi değil, yeterince istememeyi gösterir.* Bir konuda atalet halinde olmak, o insanın o konuda iktidarsız istek sahibi olduğunun göstergesidir. Bu tür kişilerin isteğini şiddetlendirerek harekete geçmesini sağlayabilirsiniz.

Bir insanın bir işi kendi kendisine yaptırabilmesinin temelde iki yolu vardır: iç disiplin ve iç motivasyon. İç disiplin kişinin "istese de istemese de" kendini yapması gereken işi yapmaya zorlamasıdır. Motivasyon ise kişinin yapması gereken işi yapmayı istemesini sağlayacak şekilde kendi duygularıyla oynamasıdır.

Motivasyonel düşünen kişiler:

"Bunu yapmam için yapmayı istemem gerekir" diye düşünür. Ya isteğinin oluşacağı ânı beklerler ya da isteğini kendi kendine oluşturmanın yollarını ararlar.

İç disiplini güçlü kişiler:

"Bunu yapmam için yapılması gerektiğini bilmem gerekli ve yeterlidir" diye düşünürler. Yapma isteğinin olması onlar için önemli değildir. Hisleriyle değil görev ve sorumluluk bilinciyle harekete geçen insanlardır.

İki türlü motivasyon vardır: içten gelen motivasyon ve dıştan gelen motivasyon. İçten gelen motivasyon daha kontrol edilebilir ve daha kalıcıdır. Dıştan gelen motivasyon ise başkalarına bağımlı olduğu için daha az tercih edilmektedir. *İçten gelen motivasyon kendiliğinden motorlu gemilere benzer. İstediğiniz zaman çalıştırmak sizin elinizdedir. Dıştan gelen motivasyon ise yelkenli gemiler gibidir. İlerleme rüzgâra ve yelkeni kullanma şekline bağlıdır.*

Kesintisiz motivasyon olabilir mi?

Bazı kişiler doğuştan "yüksek enerjili" olsalar da, hiçkimse sürekli kendi en yüksek motivasyon seviyesinde kalamamaktadır. Bu, motivasyonun doğasıyla ilgili bir durumdur. *Nasıl ki bir kez duş almakla ömür boyu temiz kalmayı beceremiyorsak bir kez motive olmakla tüm hayatımız boyunca motive halde kalamayız.* Coşku bir duygudur, diğer duygular gibi sabit değildir.

Motivasyon mutluluk gibi dalgalı ve değişkendir. Biriktirilebilir ve stoklanabilir bir şey değildir. *İnsanların coşku ve motivasyon seviyeleri farklı olsa da hiç kimse her zaman en yüksek motivasyon seviyesinde sonsuza kadar kalamaz.* Borsa gibi inişler ve çıkışlar kaçınılmazdır. Önemli olan moral endeksini olabildiğince yukarıda tutacak şekilde çalışmaktır.

Kendini şarj ve deşarj etme sistemleri kurarak morali yüksek tutmak

Ataletle mücadelede, *kendini şarj etmek* çok önemlidir. *Kendini şarj etmek, beyni pozitif ve moral yükselten bilgilerle beslemek demektir.* Bu veriler bir kitaptan, kişiden, mekândan, mesajdan çıkarılabilir. Kendini şarj etmek için neler yapabileceğinin farkında olmak önemlidir. *Güçsüz zamanlarınızda, "piliniz bittiğinde" kendinizi şarj etmek için neler yapıyorsunuz? Başka neler yapabilirsiniz? Enerjisi yüksek insanlar neler yapıyor olabilir?*

İkinci önemli nokta ise kendini *deşarj edebilmektir.* Deşarj olmak, üzerindeki negatif yüklerden kurtulmaktır. Çevrenizdeki negatif insanlar ve olayların beyninize doldurduğu, sizin de olumsuz iç konuşmalarla iyice köpürttüğünüz negatif düşünceleri beyninizden boşaltmaktır. Bir tür *sükûnet terapisi* yapmaktır. *Gergin olduğunuz zamanlarda, kızgın düşünceler beyninizde kaynayıp "tepeniz attığında" kendinizi deşarj etmek için neler yapıyorsunuz? Başka neler yapabilirsiniz? Dingin insanlar neler yapıyor olabilir?*

Kendinizi şarj veya deşarj etmek için kullanabileceğiniz yollar *kişilere göre farklılık gösterdiği için,* herkesin kendi özel mönüsünü hazırlaması gerekiyor. Bununla birlikte birkaç yaygın ortak yol vardır.

Motivasyonu yüksek insanlara daha yakın durun. Bazı insanlar tutku doludur ve çevrelerine enerji saçarlar.

Beyninizi pozitif bilgilerle besleyin. Okuduğunuzda size güç ve enerji veren kitapları "denk geldikçe" değil sistematik olarak okuyun. Çünkü her gün beyninize milyonlarca negatif veri giriyor, beyninizi kirletiyor. Beyninizi pozitif şeylerle beslemezseniz o negatif veriler size egemen olacak, pozitif düşünme refleksleriniz kaybolacaktır.

Her insanın yaptığında motive olduğu şeyler farklı farklıdır. *Yaptığınızda moralinizi düzelten ve sizi motive eden şeylerin bir listesini mutlaka hazırlayın.* En az on maddeniz olmalıdır. Motivasyonunuzu kaybettiğinizde –sizi motive eden şeylerin neler olduğunu bile düşünemeyecek kadar motivasyonunuzu kaybettiğinizde– bu listeye bakabilirsiniz.

Sizi motive eden müzik, şiir, yer, kişi, durumların farkında olun. Bunları ihtiyaç duyduğunuzda kullanacak şekilde aklınızda veya elinizin altında tutun.

Hayat enerjinizin en fazla emildiği anlarda, kendinizi şarj edecek şeyler yapın. Mesela tıkanmış bir trafikte beklerken, kendini geliştirme veya motivasyon üzerine CD'ler dinleyebilirsiniz!

"Bir kere bir şey yapayım ve sonsuza kadar motive olmuş kalayım" diye bir beklenti içerisinde olmayın. Kendi moralinizi yüksek tutmayı, periyodik olarak yapılması gereken kendinize karşı bir göreviniz olarak kabul edin.

Motive edici sözlerin gücünü kullanmak

Ataletle mücadele sürecinde sizi motive eden özdeyişleri seçip sık sık konuşmalarınızda kullanmanız iyi sonuç verecektir. Sizi motive eden özdeyişleri bir ajandaya kaydedebileceğiniz gibi, duvar panolarınıza da asabilirsiniz. Ataletsavarların favori sözü, Prof. Dr. Fuat Başgil'e ait bir özdeyiş: *"Üşenme, erteleme, vazgeçme."*[3]

Birkaç güzel söz önerisi:

1. Hayat, bir bisiklete binmek gibidir. Pedalı çevirmeye devam ettiğiniz müddetçe düşmezsiniz. (Claude Pepper)
2. Kendinizden başka hiçbir güç sizi durduramaz. (David Thomas)
3. Sonunda acı getirecek zevklerden kaçınılabileceğini, sonunda zevk getirecek acılara dayanılabileceğini düşünüyorum. (Montaigne)
4. Bu koca evrenin geliştirebileceğimizden emin olabileceğimiz bir tek noktası vardır; kendimiz! (T. Henry Huxley)
5. Başkaları seni geçici olarak durdurabilir ancak sen kendini kalıcı olarak durdurabilirsin. (Pan Waid)
6. Bugün yapabileceklerini yarına bırakma. Çünkü bugün ondan hoşlanırsan, yarın yine yapabilirsin. (James Michener)
7. Her şeye homurdanmaya alışmış bir kimse, fırsat kapıyı çalınca bile gürültüden yakınır. (Conidences)
8. Antrenmanların her dakikasından nefret ediyordum. Fakat kendi kendime "Vazgeçme" dedim, *"Şimdi sıkıntı çek ve hayatının geri kalan kısmını bir şampiyon olarak yaşa."* (Muhammed Ali)
9. Harikulade başarılar ancak içlerindeki bir şeylerin koşulların üzerinde olduğuna inanma cesareti taşıyan insanlar tarafından gerçekleştirilir. (O. Sweet Marden)
10. Eğer hepimiz yapma kapasitemizde var olan şeyleri yapmış olsaydık, kendimizi gerçekten aşırı derecede şaşırtırdık. (Thomas Edison)

ATALETLE BAŞA ÇIKMA PROGRAMI: ATALET SAVAŞÇISI OLMAK İÇİN NELER YAPMALI?

Yarının bugünden iyi olmasını istiyorsan
şimdiden değişik bir şeyler yapmalısın.

Michael Porter

Mesut olmuş görmek isterdim hepinizi.
Her bahar gününde, dertliyi, ümitsizi.
Terfi etmiş memur, sınıf geçmiş öğrenci,
Kadını erkeği, yaşlısı, genci,
Bir bayram sevinciyle, kol kola, sokaklarda.
Su başlarında, ağaç altlarında, parklarda,
Sevgililer, baş başa, muratlarına ermiş.
Çocuklar, el ele, bir halka oluvermiş.

Görmek isterdim camlardan, odalarda oturmuş,
Radyoyu açmış, küçük sofrayı kurmuş.
Yol, meydan, dere, tepe, dağ, bayır, kır...
Vapurlar, limanlarda, yola çıkmaya hazır.
Gazinolar, plajlar, sinemalar açık.
Her dilde bir şarkı, her dudakta bir ıslık.
Ne yoksul ahı, ne dul hıçkırığı, ne hasta iniltisi,
Mesut olmuş görmek isterdim hepinizi!

Ataletsiz bir Türkiye'de hayatın nasıl olabileceğini anlatıyor bu şiir. Ziya Osman Saba'nın "Dilek" adlı şiiri eminim benim gibi sizlerin de dileğidir.

Ataletin ne olduğunu, nasıl oluştuğunu, insanı kendi içinde nasıl hapsedip eyleme geçmesini engellediğini öğrendiniz. Şimdi ondan kurtulmak için neler yapılması gerektiğini öğrenme zamanı.

Ataletle mücadele iki düzeyde sürdürülebilir:

1. *Atalet oluşumunu engellemek.*
2. *Oluşmuş bir atalet halinden kurtulmak.*

Birinci yol *önleyici tedbir* yaklaşımı, ikinci yol *tedavi edici* yaklaşımdır. Ataletin oluşması halinde ne yapacağını bilmek ve bunları yapmak önemlidir, ancak *ataletin hiç oluşmaması için gerekli önlemleri almak* daha akıllıcadır.

Ataleti yenmenin maliyeti onun oluşmasını önlemenin maliyetinden daha büyüktür. Atalet aşısıyla bağışıklık sistemini güçlendirmek, atalet hakkında bilinçlenmek mümkündür. *Tıp deyişiyle, tedavi teşhisle başlar ve erken teşhis hayat kurtarır!*

Her şey niyet etmekle başlar!

Kendinizle bir niyet teyidi yapın. *Dürüstçe düşünün, gerçekten ataletten kurtulmak istiyor musunuz?* Kendinize yalan söylemeden, gerçekten ataleti yenmek istiyor musunuz? İstiyorsanız hangi şiddette istiyorsunuz? İsteğinizin şiddeti yüz üzerinden beş oranında ise, isteseniz de onu yenemeyeceksiniz. Tutkulu bir çabayla, kendinizi ileriye fırlatmayı gerçekten istiyor musunuz?

Ataletten kurtulmak, bir strateji sorunu değil, samimiyet sorunudur. Ataletten kurtulmak için neler yapacağını bilmek kolaydır, bu kitap size bunu öğretir. Ama ataleti yenmek için ondan kurtulmaya gerçekten *niyetli* olmanız gerekir. Bu niyetinizin gücü ve samimiyeti ölçüsünde harekete geçersiniz. Kitap bu niyeti size veremez, bu kararı içinizde oluşturacak olan sizsiniz. *İnsan niyetini nasıl daha çok güçlendirebilir? O konudaki nedenlerini kendi kendine hatırlatarak!* Beyaz bir sayfanın başına *"Kimin için ve niçin ataletten kurtulmak istiyorum?"* diye yazıp aklınıza gelen tüm cevapları alt alta sıralayabilirsiniz. *Yazılı ve toplu halde ataletten kurtulma nedenlerinizi görmek, ataletten kurtulma niyetinizi keskinleştirecektir.*

İnsanların niyetlerinin önündeki en büyük engel, atalet halinden sağladıkları gizli psikolojik faydadır. Atalet halinden sağlanan psikolojik menfaat neler olabilir? Daha fazla ilgi görme, çevreden yardım alma, başarısızlıktan doğan suçluluk duygusunu azaltma gibi psikolojik faydalar olabilir. *Bir davranış (ya da atalet) sürekli tekrarlanıyorsa, ondan bir fayda elde ediliyordur.* Atalet halinden sağladığınız duygusal faydayı keşfedip, o faydanın bedellerini kendinize hatırlatıp, gerekirse aynı faydayı başka bir davranışla sağlamanın yolunu bulup ataletten kurtulmak gerekir.

İçinizdeki "takılma noktalarını" keşfedin

Ataleti yenmek *kendini eyleme geçirebilmek* demektir. Düşünceden eyleme geçmeye çalışan insanlar farklı farklı iç engellere takılırlar. Bu noktalar harekete geçme ile hareketsiz kalma arasındaki tercihi belirleyen anlardır. Her insanın "takılma noktası" farklı farklıdır.

Bazı insanlar, bilgi yeterliliğine tak(ıl)mıştır. "Bu konuda bilebileceğim her şeyi öğrenmeden harekete geçmemeliyim" şeklinde düşünür. Bir konuda her şeyi bilme imkânı da olmadığından, harekete geçmeyip bekler!

Kimi insanlar ise beceri yeterliliğine tak(ıl)mıştır. "Bu işi en iyi şekilde yapabilecek seviyeye gelmeden hiçbir şey yapmamalıyım" şeklinde düşünürler. Bir işi yapmak için asgari becerilere sahip olmak elbette önemlidir. Bununla birlikte bir konuda becerileri geliştirmek uygulama yapmakla mümkündür. Sınıfta öğrenilenleri sahada uygulayarak beceri mükemmelleştirilir. *Becerilerini en üst seviyeye getirmeden bir şeyler yapmaya çalışmayanlar, o becerilerin sonuçlarından yararlanamadıkları için, şevklerini de bir süre sonra yitirirler.* Asgari beceri donanımına sahip olduğunuzu düşündüğünüz anda hemen eyleme geçin. Asgari becerilere sahip olmadığınızı düşünüyorsanız, onları öğrenmenin yollarını arayın. Eyleme geçtikten sonra da becerilerinizi geliştirmeyi ihmal etmeyin.

Üçüncü grup ise bir işi yapmaya hazır olup olmadığını "hislerine" bakarak anlayan kişilerdir. Bunlar bir işi yapmaya kendilerini duygusal olarak hazır hissetmeye çok önem verirler. Bu tür kişiler de duygusal yeterliliğe tak(ıl)mıştır. *"Bu işi yapmayı istemedikçe, duygusal olarak yapmaya kendimi hazır hissetmedikçe yapmamalıyım/yapamam/yapmam"* şeklinde düşünen ve konuşan kişilerdir. En yaygın grup bunlardır. Önce kendilerini o işi yapmaya hazırlamak isterler. Bunun için de kendilerini "hazırlamaya hazırlamaları" gerekir! Tüm bu işlemlerle uğraşmaktan bunalır ve hiçbir şey yap(a)mazlar. *Bunlar için komut basittir: Kalk ve yap!*

Eyleme geçmek için o işi "yapmak istemeyi" beklemek asrın hatasıdır! İsteğimiz gölgemiz gibidir. Onun peşinden koştukça kaçar! Onu umursamaz ve yolunuza devam ederseniz peşinizden gelir. *İstekler, davranışları yarattığı gibi davranışlar da istekleri yaratır.* İstemeden yaptığımız bazı şeylerde, zamanla o işi yapmayı istemeye başlamamızın nedeni budur. Bu nedenle ya eyleme geçmek için isteğinizin gelmesini bekleyeceksinizdir ya da isteğiniz oluşmadığı halde o davranışı yapacaksınız. Eğer isteğiniz oluşmasa dahi eyleme geçerseniz belki de bir süre sonra o davranışı yapmayı isteyeceksiniz.

Göçü yolda düzeltmek!

Bu konuda çok şanslı bir toplumuz. Çünkü "Göç (kervan) yolda düzülür" gibi ruhumuza işlemiş bir atasözümüz bulunuyor. *Bu ülke yetersizlikler ülkesidir. Bir işe dört dörtlük başlamaya çalışırsanız hiç başlayamazsınız. Elinizdekilerle ve bildiklerinizle bir şeyler yapmaya bir yerlerden başlamalısınız.* Mutlaka asgari yeterliliğe sahip olmaya çalışmalısınız ama mükemmel olmayı da beklememelisiniz.

Girişimcilik yoğun olarak atalet yaşanan alanlardan biridir. Bir işi kurmak için en az dört şey gereklidir: iş fikri, para, uzmanlaşmış teknik bilgi, ilgili kişilerle ilişkiler. Bir İsviçreli bu dört noktada da yeterli seviyeye gelmeden harekete geçmeyecektir. Oysa bir Türk'ün böyle bir ayrıcalığı yoktur. O dört dörtlük bir başlangıç yapmayı beklerse hiçbir zaman başlayamayacaktır. O halde yapılması gereken dört bir ya da dört ikilik bir noktadan, eksikler ve yetersizliklerle yola çıkıp göçü yolda düzeltmektir.

Buradaki en büyük sorun asgari yeterliliğe sahip olmadan yola çıkanların, başarısız olmaya başlayınca, yoldan çıkmaya, yolsuzluklar ve kurnazlıklar yapmaya başlamasıdır. İkinci olarak yedi katlı bir binayı "Göç yolda düzelir" anlayışıyla yapınca ilk depremde yıkılmaktadır! Başka bir ifadeyle büyük projeler bu anlayışla yapılmamalıdır. Göçü yolda düzeltmek anlayışını da yolda düzeltmek gerekir!

Ataletten kurtuluş savaşınızı başlatın!

Ataleti yaratan sizsiniz, ataleti yenecek olan da siz olabilirsiniz. Ataletin çözümünü kendi dışınızda aramayın!

Bir tüccarın tembel ve "bunalımlı" bir oğlu varmış. Tüccar oğlunu Sokrates'e getirerek tedavi etmesini ister. Sokrates uzun bir "kendini keşfetme eğitimi" önerir. Tüccar, bu çözümü beğenmeyip oğlunu dünya seyahatine gönderir. Çocuk tüm dünyayı gezdikten sonra aynı halde dönüp gelir. Baba tekrar çocuğunu Sokrates'in yanına getir: "Tüm dünyayı gezdi ama hâlâ aynı. Bu niye değişmedi?"

Sokrates, *"Dünyayı gezdi ama giderken kendini de yanında götürdü!"* diye cevap vermiş.

Ülkeniz ataletliyse içinden çıkar başka bir yere yerleşirsiniz. Çalıştığınız şirket ataletli ise istifa eder başka bir şirkete geçersiniz. *Peki atalet sizin içinizdeyse, kendinizi terk edebilecek misiniz?* Kendinizden istifa edebilecek misiniz?

Çözüm içinizdeki *ataletten kurtulma* savaşınızı bir an önce başlatmanızdır. Atalet bir tercihtir. Harekete geçmemeyi tercih etmektir. Titreyin ve kendinize gelin! Kendinize hemen bir ataletten kurtuluş programı yapın, hemen uygulayın. Bu programı nasıl yapabilirsiniz?

Öncelikle ataletlerinizin "adını koyabilir", ataletlerinizin bir listesini yapabilirsiniz. Ataletsiz halinizi çok detaylı bir şekilde gözünüzün önünde canlandırabilirsiniz. Gelecekte nasıl bir hayat yaşamak istediğinizi ve bunun için bugünden neler yapmanız gerektiğini belirlemelisiniz. Ardından kendinize şunu sorabilirsiniz: *Bugün yapmam gerektiği halde yapmadıklarımın gelecekteki sonuçları neler olacak?*

Kendinizi atalet halinde yakaladığınız anda irade gücünüzle kendinizi zorlayarak kendinizi harekete geçirebilirsiniz. Sizi sınırlayan, elinizden gelenin en iyisini yapmanızı engelleyen inanç ve düşüncelerinizi tespit edip değiştirebilirsiniz. Kendinize ilham veren hedefler koyabilir, büyük düşünen ve coşkulu insanlarla daha fazla zaman geçirebilirsiniz. Ataletli, kasvetli, hantal bir hayatı kendinize yakıştırmayın.

Ataletten kurtulmak için yapmanız gerekenleri belirleyip, takvime bağlayıp hemen harekete geçebilirsiniz. Şu andan itibaren bir zaman dilimini "ataletle mücadele ayı/yılı" ilan edebilirsiniz!

Ataletten kurtulmanın sadece bir tercih olduğunu unutmayın!

Tüm bu ataletlerden kurtulmak için "muhtaç olduğunuz kudretin" kendi içinizde bulunduğunu bilmek önemlidir. Sigara örneğini inceleyelim. Sigara içerek kendinize ne kadar zarar verdiğinizi, içmemekle neler kazanabileceğinizi biliyorsunuz. İsterseniz bırakabileceğinizi de biliyorsunuz. Peki neden yapmıyorsunuz?

Belki de "Sigarayı bırakacak gücü kendimde bulamıyorum. Bunu yapmak benim elimde değil" diyorsunuzdur. Lütfen düşünün! Yarın ani bir ağrı ile uyansanız, doktorunuz sigara içmekten akciğer kanseri olduğunuzu; içmeye devam ederseniz bir hafta, içmeyi bırakırsanız bir yıl yaşayacağınızı söylese ne yapardınız? Bu durumla karşılaşan diğer tiryakilerin yaptığı gibi bir saniyede sigarayı bırakırdınız! Demek ki sigarayı bırakma gücü halen içinizde mevcut. Sadece onu kullanmıyorsunuz.

İlk hareket kanunu!

Ataleti yenmekte zor olan nokta ilk hareketi yapmaktır. Gerisi genellikle kendiliğinden gelmektedir. Bozulan arabayı ittirmeye çalışırken fark etmişsinizdir. *Arabayı "yerinden oynatmak" için gereken kuvvet, yerinden oynadıktan sonra gerekenden daha fazladır.* Bu kural kendiniz için de geçerlidir. İlk hareketi yapmak çok önemlidir.

Davranışın kendi isteğini yaratabildiği en yeni bilimsel bulgulardan biridir. Ben bunu bir tekerleği yuvarlamak gibi düşünürüm. Yan yatmış haldeki bir tekerlek atalet pozisyonundadır. Onu alır, elinizle ittirerek yuvarlarsınız. Tekerlek yuvarlanmaya başladığında, kendi hareketinden hız alarak yuvarlanmaya devam edecektir. Atalet halindeki insanlar da yan yatmış haldeki tekerlekler gibidir. Onları ayağa kaldırıp hafiften ittirdiğinizde harekete geçerler. Harekete geçince kendi hızlarından hareket isteği üretirler. Bu nereye kadar sürer? Arazinin eğimine ve tekerleğin yapısına bağlı olarak hız ve mesafe değişecektir!

Acının gücünü kullanmak!

İnsanların atalet halinde uzun süre kalmalarının nedeni, atalet halinde çekilen acının az olması, hatta bazı kişiler için ataletin biraz zevkli taraflarının olmasıdır. Geç uyanılmış bir pazar sabahında, insanda yataktan hiç çıkmama isteği oluşturan o keyifli ağırlık hali de atalettir.

Atalet halinden elde edilen keyif yüksek olduğunda ya da harekete geçildiğinde çekilecek acının yüksek olacağına inanıldığında, kişi atalet halinde kalmayı seçer. Ataletli insanlar biraz hayat çekingenidir. *Kendi iç dünyasından çıkıp dış dünyada bir şeyler yapmaya kalkıştığında yaşayacağı zorlukları, karşılaşacağı engelleri, muhatap olacağı kötü insanları düşünüp hiç kıpırdamadan yerinde kalır.* Bunun adı bir anlamda korkaklıktır. Ülkenin her yanı işgal edildiğinde, padişah bile işgalcilerle işbirliği yapmaya başladığında Atatürk de battaniyesini başına çekip yataktan çıkmamayı seçseydi haklı olabilirdi ama cesur olmazdı.

Çalışma masamın başında insanların değişim direncini mükemmel bir şekilde formüle eden bir söz bulunur. John Maxwell'in şu sözü: "*İnsanlar, değişmemelerinden dolayı çektikleri acı, değişmelerinden dolayı çekecekleri acıdan daha fazla oluncaya kadar değişmezler.*" Bunun üzerine defalarca düşünmek gerektiğini düşünüyorum. *Değişmemekten, atalet halinde yaşamaktan dolayı çektikleri acıyı artırınca insanlar daha önce "Elimde değil" dedikleri şeyleri bir anda yapmaya başlarlar.* Bu yöntem sevimli olmasa da insanlık tarihi boyunca hep işe yaramıştır. Nasihatle değişmeyenler, musibetle harekete geçirilir.

Siz de aynı durumda olabilir misiniz? *Ataletten kurtulmak için neyi bekliyorsunuz?* Daha çok acı çekmeyi mi? Atalet halinden daha çok acı çekseydiniz ne yapardınız, hemen harekete geçerdiniz. Unutmayın, hiçbir psikolojik atalet hali sonsuza kadar süremez, bir gün acılarınız o kadar artar ki, hemen harekete geçersiniz.

Ataletsiz halini zihinde netleştirmek

Zihnimizden geçen görüntüler neler hissedeceğimizi belirler. Neler hissettiğimiz ise neler yapacağımızı ya da yapmayacağımızı belirler. Yaptıklarımız ve yapmadıklarımız bir araya gelerek ne olacağımızı belirler. Bu nedenle aklımızdan geçen görüntüleri seçmek çok önemlidir. *Kafamızdaki en canlı resimler, hayatımızı biçimlendirir.*

Ataletten kurtulmuş halinizin resmini hayal edebilir misiniz? *Ataletten tamamen kurtulmuş olsaydınız nasıl biri olurdunuz? Nasıl düşünürdünüz? İnsanlar hakkınızda neler düşünürdü? Duruşunuz nasıl olurdu? Bakışınız nasıl olurdu? Nasıl kararlar alırdınız? Bir kararınızı uygularken, nasıl kendinizi harekete geçirirdiniz?*

Önce kendi ideal *çevik halinizi* zihninizde canlandırın. Sonra o resmi büyütün ve tekrar tekrar zihninizden geçirin. Ardından mevcut halinizi ideal halinizle karşılaştırın. Aklınızda kendinizi hangi resimle temsil ederseniz, ona dönüşürsünüz. İdeal halinizi defalarca ve detaylıca zihninizde çevirin. Kendi kendinize, kendi en iyi versiyonunuzun propagandasını yapın.

Kendine pozitif bilgi bombardımanı uygulamak

Atalet oluşumunu engelleyebilecek en güçlü araçlardan biri de pozitif düşünce ve kişisel gelişim bilgileridir. Atalet karamsarlıktan, kasvetli konuşmalardan ve kaybetmeye yatkın düşünme biçiminden beslenir. Kişisel gelişim ve pozitif düşünme kültürünün etkisi içinde yaşamak insanların kötümserliğe karşı kullanabileceği bir "aşı" sistemidir.

Özellikle çok zor şartlardan gelerek başarılı olmuş insanların hayatlarının anlatıldığı kitaplar mücadele azmi ve dayanma gücünü artırmaktadır. Kendi zor şartlarından çıkarak başarılı olmuş insanların hayatlarını okumak, kişilerde "O yaptı oldu, ben de yapabilirim" inancı oluşturur.

Kişisel gelişim kitaplarını ikiye ayırabiliriz: telkin veren kitaplar ve teknik öğreten kitaplar. Telkin veren kitaplar, neyin niçin yapılması gerektiğini anlatır. Teknik öğreten kitaplar ise neyin nasıl yapılabileceğini anlatır. Başlangıç için telkin veren kitaplar, ileri düzeyde teknik öğreten kitaplar okunabilir. Benim kitaplarım tarz olarak teknik bilgi veren kitaplara yakındır.

Ataletin en önemli nedenlerinden biri de beceri yetersizliğidir. Okuma hızı düşük, hafızası zayıf, öğrenme verimi yetersiz bir öğrenci ataletini yenip motive olup ders çalışsa da, çalışmasının karşılığını alamadığını gördükçe, olumsuz düşünmeye ve motivasyonunu kaybetmeye başlayacaktır. Bu öğrencinin yapması gereken daha çok motive olmak değil, hızlı okuma, güçlü hafıza ve verimli öğrenme yeteneklerini artırmaktır. *Yeteneğe ve mantıklı bir strateјiye dayanmayan motivasyon, başarı getirmeyecektir.* "Kuru gayret çarık eskitir" ve "Akılsız köpeği yol kocatır" atasözleri, ataletli olmayan ama aklı da olmayan kişilerin sonunu tarif eder.

Atalet oluşumunu engellemek için kişisel gelişim bilgilerini nasıl kullanabilirsiniz?

a. Bu tür kitapları okurken karşılaştığınız sizi motive eden sözleri bir ajandaya not edebilirsiniz ya da panonuza asabilirsiniz.
b. Okurken sizi en çok motive eden kitabı moralinizin ve isteksizliğinizin had safhada olduğu zamanlarda okuyabilirsiniz.
c. Okuduklarınızı uygulayarak, becerileri kazanmak için gerekli egzersizleri yaparak yaşam donanımınızı güçlendirip, hayatın karşınıza çıkardığı sorunlarla daha az zorlanarak başa çıkabilirsiniz.

Kişilik düzenleme yoluyla ataletten kurtulmak

Bir insanın sahip olduğu kişilik özellikleri onu atalete yatkın hale getirebileceği gibi, atalete karşı bağışıklık sistemi güçlü biri de yapabilir.

Tembel insanlar atalete daha yatkınken, çalışkan insanlar tersine harekete yatkındır. Kararsız insanlar atalate daha yatkınken, kararlı insanlar harekete daha yatkındır. Yılgın insanlar atalete daha yatkınken, coşkulu insanlar hareketli bir hayata daha yatkındır. Kötümser insanlar atalette kalmaya daha yatkınken, iyimser insanlar harekete geçmeye daha yatkındır. Gelişmeye kapalı insanlar atalete daha yatkınken, gelişmeye açık insanlar harekete geçmeye daha yatkındır. Korkak insanlar atalete, cesur insanlar harekete daha yatkındır. Aşırı kanaatkâr insanlar atalete, tutkulu insanlar ise harekete daha yatkındır. İradesi zayıf insanlar atalete, irade gücü gelişmiş insanlar ise harekete yatkındır. İnatçılık, sabırlılık ve idealistlik gibi kişilik özellikleri ise insanları bazen ataletten korur, bazen de tersine atalete düşürür.

Hangi kişilik özellikleriniz sizi atalete yatkın hale getiriyor? Bu özelliklerinizi değiştirmek için neler yapabilirsiniz? Hangi kişilik özellikleriniz sizi aktif biri yapıyor? Sizi dinamik yapan kişilik özelliklerinizi nasıl güçlendirebilirsiniz?

Taahhütte bulunarak ataleti yenmek

İç disiplini ile kendini harekete geçiremeyenlerin kullanabilecekleri yollardan biri de taahhüde dayanan dış disiplin zorlaması altına girmektir. Taahhütten doğan disiplin ile tahakkümden doğan disiplin farklıdır. Tahakkümden doğan dış disiplin, kişide direnç yaratabilir, çünkü kendi iradesine rağmen kendisine bir şey yaptırılmaktadır. Oysa taahhütten doğan dış disiplinde, kişi rızasıyla zorla(n)mayı kabul etmektedir.

Taahhütte bulunarak kendini çalıştırmanın yolu, insanlara bitiş tarihi belirlenmiş sonuçları söz vermektir. Bu sadece söz vermek şeklinde olabileceği gibi, sözleşme yoluyla da yapılabilir. Taahhüt edilen tarihte teslim edilmemesi yüklü tazminat cezası içeren bir işi yapmak için kendinizi fazla zorlamanız gerekmeyecektir, çünkü sözleşme sizi yeterince zorlayacaktır! Pek çok insanın hayatta başardığı işler, neşeli çalışmaların sonucu olmaktan çok, zorlayıcı sözleşmelerin sonucudur. Yapmanız yapmanız yapmak karşılığında size para verecek birini bulun, onunla işin bitmesi üzerine kurulu bir sözleşme yapın!

Ataleti yenmek için profesyonel yardım almak

İnsanlar ataletlerini kendi kendilerine uğraşarak yenmeye çalışabilecekleri gibi, bu işi profesyonel birilerine de yaptırabilirler. Yaşam koçları, rehberlik öğretmenleri ve psikologlar bu konularda yardımcı olabilirler.

Türkiye'de son yıllarda ataleti yenme ve motivasyon seminer programları oldukça rağbet görmektedir. Bu programlara ilgi gösterenler ve ilgi gösterme nedenleri farklı farklıdır.

- Personelinin performansını artırmak ve işletme verimliliğini artırmak isteyen firmalar.
- Sınava hazırlık sürecinde öğrencilerine moral desteği vermek isteyen dershaneler.
- Üniversitelerin öğrenci kulüpleri ve kariyer planlama merkezleri.
- Sporcularını maçlara daha iyi konsantre etmek isteyen futbol ve basketbol kulüpleri.
- Krizlerin oluşturduğu negatif atmosferi dağıtmak ve moralleri yüksek tutmak isteyen işadamı dernekleri.
- Üyelerine yönelik faaliyet olarak ticaret ve sanayi odaları.
- Öğrenci ve velilerin katılımıyla bir eğitim faaliyeti olarak özel okullar.

Benjamin Franklin usulü ataletle mücadele

Ataletleri teker teker kırmak daha uygulanabilir ve akıllıca bir yoldur. Bu tarza Benjamin Franklin usulü ataletle mücadele diyebiliriz.

Franklin, kendini geliştirmek için bir gün oturup tüm kusur ve eksikliklerini yazar. Daha sonra bu listedeki maddelerden her birini bir hafta ele alarak düzeltmeye çalışır. Örneğin kusuru "insanlara somurtkan yaklaşmak" ise, bir hafta boyunca insanlara güler yüzlü davranır, asık suratlı davrandığı anlarda kendini yakalayıp not alır. Böylelikle hedef koyduğu süre sonunda eksikliklerini kapatıp kendini geliştirebilmiştir. *Eksikliklerini teker teker, yutulabilir lokmalar halinde ele almak işin büyüklüğünden gözleri korktuğu için harekete geçemeyen ataletliler için motive edici bir yoldur.*

Kişisel gelişim literatüründe klasikleşmiş bir soru bu durumu vurgular:

Soru: Bir fili nasıl yersiniz?

Cevap: Lokma lokma!

Ataletle mücadelede yapılması gereken ilk şey, titreyip kendine gelmektir! *Genel psikolojik ataletin verdiği ağırlıktan kurtulduktan sonra, yapılabilecek ikinci şey daha önce hazırlamanızı istediğimiz "benim ataletlerim" listesini alıp, oradaki her atalet için uygun süreler ve tarihler belirleyip her cephede teker teker ve sırayla harekete geçmektir.* Aynı anda kırk cephe açıp kendini yormak tekrar atalete dönmeye neden olabilecektir. Yapılması gereken, öncelik sırası belirlemek ve teker teker "yapılması gerektiği halde yapılmamış işleri" ele almaktır.

Bu kitaptan öğrendiklerinizi ya da bu bölümde önerilen çözümleri bir pilot uygulama ile deneyebilirsiniz. Sahip olduğunuz ataletlerden birini seçin ve ondan kurtulmaya çalışın. Yapmanız gereken ama yapmadığınız bir şeyi, kalkın ve yapın. Bu, kendinize verdiğiniz güçlü bir mesajdır. İçinizde taşıdığınız genel atalet duygusunun tümünden kurtulmadan hiçbir eylemde bulunmamayı beklerseniz, bu sizi uzun süre atalette tutabilir.

Renklerin gücünü kullanmak

Renklerin insan psikolojisi üzerine etkisi artık herkes tarafından kabul edilmektedir. Ev dekorasyonu, araba rengi, kıyafet rengi gibi seçimlerimizle hem kendimizde hem de başkalarında bazı duyguları harekete geçiririz. Renklerin anlamlarını ve harekete geçirdikleri duyguları tanıyarak bu gücü bilinçli olarak kullanabiliriz.

Ataletin temel rengi siyahsa hareketin temel rengi de kırmızıdır. *Renklerle Tedavi*[4] adlı kitapta kırmızının etki ve özellikleri şöyle anlatılıyor:

"Kırmızı, oldukça canlandırıcı bir renktir. Kırmızı, sahip olduğu yoğun enerji sebebiyle fiziksel bedenimize enerji ve canlılık veren bir ışındır. Bedenin özellikle yapıcı, üretici ve onarıcı fonksiyonlarını düzenler. Bu renk, üşütmelerde, dolaşım bozukluklarında ve tükürük bezi rahatsızlıklarında tedavi amacıyla kullanılabilir. Kırmızı, vücut sıcaklığını artırmak ve kan dolaşımını hızlandırmak için çok uygun bir renktir. Yorgunluk ve atalet duygusunu da geçirir. Ama bu renk, intikam, kin, öfke, aşk ve seks duygularını da harekete geçirebileceği için, çok dikkatli kullanılmalıdır. Kırmızı, aşırı bir dozda uygulandığı zaman, duygusal düzensizliklere ve depresyonlara yol açar. Kırmızı ile beraber tamamlayıcı rengi olan türkuazı da beraberinde kullanmak gerekir. Ayrıca yüksek tansiyon, bu rengin yoğun olarak var olduğunun bir göstergesidir."

Ataletsiz bir atmosfer oluşturmak için kullanılabilecek diğer renkler, turuncu, mavi, yeşil, sarı gibi pozitif renklerdir. *Sarı sevinç ve neşenin rengidir. Turuncu ise "pozitif düşünme"nin rengidir.* Aynı kitapta sarı rengin etkisi ve özellikleri ise şöyle anlatılıyor:

"Bu rengin enerjisi, kişinin zihinsel faaliyetlerini her yönüyle harekete geçirir. Ayrıca, moral çöküntüsünü ortadan kaldırabileceği gibi, kişiye yeni bir yaşama sevinci ve gücü aşılayabilir. Sarının yardımıyla insandaki iyimserlik ve kendine güven duyguları artar. Karaciğer, mide, bağırsak, sinir zayıflığı (nevrasteni), deri ile ilgili sorunlar ve şeker hastalığı durumlarında sarı ışın kullanımı faydalı olabilir. Kısaca sarı renk ve onun altın sarısı tonları, hem hayati vücut fonksiyonları hem de zihin üzerinde olumlu etkiler yaratır."

Yaşadığınız yerin dekorunu, kullandığınız aksesuarları ve kıyafetlerinizi bu bilgiler ışığında gözden geçirmeye ne dersiniz?

Ataleti "şiir tadında" kırmak

Son dünya olimpiyatlarında Afrikalı bir sporcu koşuda dünya rekoru kırmıştı. Başarısının sırrı sorulduğunda aşağıdaki şiiri her gün, her antrenmanda okuduğunu söylemişti:

"Afrika'da her sabah bir ceylan uyanır.
En hızlı aslandan daha hızlı koşması gerektiğini,
yoksa öleceğini bilir.
Afrika'da her sabah bir aslan uyanır.
En yavaş ceylandan daha hızlı koşması gerektiğini,
yoksa aç kalacağını bilir.
Aslan ya da ceylan olmanızın önemi yok.
Yeter ki güneş doğduğunda koşuyor olmanız gerektiğini bilin."

İnsana dayanma gücü veren şiirlerin başında Rudyard Kipling'in "Eğer" adlı şiiri vardır. Winston Churchill, İkinci Dünya Savaşı'nın en korkunç ve ateşli günlerinde Avam Kamarası'nda "Size kan, ter ve gözyaşından başka bir şey söyleyemeyeceğim" dediği ünlü konuşmasını yapmıştı. Bu konuşmada "Eğer" şiirini de okudu. Ecevit bu şiiri çok sevdi ve kendisi de Türkçe'ye çevirdi. Hayatının en zor anlarında okuduğunu söylüyordu! Deniz Baykal bir röportajında Erdal İnönü'ye defalarca yenilmesine rağmen tekrar tekrar aday olma cesaretini kendinde nasıl ürettiğini soran gazeteciye "Eğer şiirini okuyarak!" diye cevap vermişti. Bu şiiri Nüvit Osmay'ın çevirisiyle sunuyorum.

Eğer

"Etrafında herkes şaşkına dönmüş, yollarını şaşırmış ve bundan seni mesul tutarken, sen kendi tuttuğun yoldan ayrılmaz ve başını dik tutabilirsen.

Eğer beklemeyi bilir ve beklemekten yorulmazsan, başkaları seni aldatırken sen yalanla iş görmezsen veya onlar senden nefret ederken, sen nefret etmeye yanaşmazsan ve bütün bunlara rağmen fazlasıyla iyi görünmez ve fazlasıyla hâkimane konuşmazsan.

Hayal kurabilir ve hayallerinin esiri olmazsan.

Düşünebilir fakat kendi düşüncelerine körü körüne bağlanmazsan.

Eğer zafer ve yenilgiyle karşılaşabilir ve bu iki boş şeye karşı aynı şekilde kayıtsızca hareket edebilirsen.

Söylediğin hakikatlerin reziller tarafından akılsızları aldatmak için değiştirilerek kullanıldığını işitmeye tahammül edebilirsen.

Yapmak için bütün hayatını verdiğin şeylerin bir an içinde yıkıldığını görür de tekrar eğilir, yorgun vücudun ve yıpranmış aletlerinle onları yeniden yapabilirsen.

Hayatta elde ettiğin tüm kazanç ve başarıları bir yığın yapar ve hepsini bir yazı-tura bahsi için feda edebilirsen ve kaybeder, sonra da baştan başlayabilirsen ve bütün talihsizliklerini unutup kimseye bundan bahsetmezsen.

Eğer kalbin, sinirlerin ve kasların bitmiş, içinde yalnız 'dayan' diyen iradenden başka bir şey kalmamışsa ve sen onları tekrar çalıştırabilirsen.

Halkla gezerken kişiliğini, krallarla gezerken halkla ilişiğini koruyabilirsen.

Ne düşmanların ne de dostların seni incitebilirse.

Herkes sana güvenebilirse, fakat bu güven de sınırsız olmazsa.

Eğer ömrünün her saatine 60 dakikalık değer verebilmişsen.

İşte o zaman içindekilerle beraber bütün dünya senin olur, hatta bundan daha da önemlisi, sen bir insan olursun oğlum."

Duyduğunuzda sizi güçlendiren, bir şeyler yapma isteğinizi kışkırtan bazı şarkılar, şiirler mutlaka vardır. Onları keşfedin ve kendi psikolojinizi yönetmek için kullanın.

Korkunun gücünü kullanmak

Korku ve kaygı bir yere kadar insanı diri tutar, atalete düşmekten alıkoyar. Korkunun ataleti nasıl dağıttığını gösteren güzel bir örnek vaktiyle uzak denizlere açılmış balıkçılarından birinin başına gelmiş bir olaydır. Henüz dondurucuların icat edilmediği zamanlarda balıkçılar uzak denizlere açılıp avlandıklarında en büyük sorunları yakaladıkları balıkların ülkeye dönünceye kadar bozulmasıdır. Bu sorunu çözmek için balıkları canlı canlı gemi içindeki küçük havuzlara koyarlar. Ancak yine de balıkların bir kısmı havuzda hareketsizlikten ölmektedir. Bir gün bir balıkçının ağına balıkların "korkulu rüyası" piranha balığı takılır. Geleneksel yol, havuzdaki diğer balıkları yiyen bu balığın denize geri atılmasıdır. Balıkçı çok tehlikeli olan bu hayvanı denize geri atmak yerine havuza atar. Ülkesine döndüğünde sonuç şaşırtıcıdır. İçinde piranha bulunan havuzdaki balıklar şaşırtıcı derecede canlıdır!

Piranha korkusuyla sürekli hareket ederek "teyakkuz" halinde yaşayan balıklar, diğer havuzlardaki balıklar gibi uyuşukluğa ve fiziksel atalete düşmedikleri için ölmemiş, canlı halde ülkeye kadar gelmişlerdir.

Kişisel ataletleri yenmek için korkuyu -kendine karşı- kullanmak isteyen kişiler ataletlerinden kurtulmak için hiçbir şey yapmazlarsa 10 yıl sonra nasıl bir hayat yaşıyor olacaklarını ve ne gibi zararlar göreceklerini düşünebilirler. Kaybedileceklere odaklanmak bir iç kaldıraç fonksiyonu görebilir.

Hırslanmanın gücünü kullanmak

Ataletsiz insan olmak için kullanılabilecek en iyi yollardan biri de rekabete girmek ve kendine ya da birilerine meydan okumaktır. Bu meydan okuma (challenge) kabadayılık anlamında değil, "büyük bir iş yapabileceğine dair iddiaya girmek" anlamındadır. Birinci sınıf atalet savaşçıları, tutkulu, kaybetmeye dayanamayan, hedeflerine varmak için yakıcı bir hırsla dolu olan insanlardır.

Hırsın ve agresifliğin gücünü kullanarak kendini elinden gelenin en iyisini yapmaya zorlayan kişilere tipik örnek boksör Muhammed Ali'dir. Unvan maçlarından önce rakiplerini aşağılan şiirler okuyarak onları ve aslında kendini kışkırtıyordu. Başarılı futbolcuların bazıları da maç ortasında rakip oyunculara dalaşarak önce kendilerini kızdırıp sonra bu öfkenin gücüyle hırslanarak başarılı oyun çıkarabildiklerini söylemektedir. Öfkeyle birini yenmek isterken, konsantrasyon, motivasyon, atalet gibi psikolojik problemlere pek takılmazsınız.

Güçlü korkular ve güçlü tutkular, ataleti bir saniyede dağıtır. Yorgun halde Afrika savanlarında gezerken, aniden bir aslanın üzerinize doğru koştuğunu görürseniz, kaçmaya konsantre olma, kaçmaya motive olma, kaçma eylemini yapabilmek için irade gücüyle kendini zorlama gibi problemleriniz olmayacaktır! *Bu tür sorunlar, şehrin steril ortamında rahata alışmış bizlerin kendi kendimize büyüttüğümüz plastik psikolojik problemlerdir.*

İddialı bir insan olarak yaşamak, rekabete girmek, yarışmaktan kaçmamak ataleti engelleyen durumlardır.

İrade gücünü kullanmak

Gündelik hayatımızda sık sık yapmamız gerekenler ile yapmak istediklerimizin çatışmasından doğan ikilemi yaşarız.

Yapmamız gerekenler, hayatta kalabilmek ve daha başarılı olabilmek için gereken işleri ifade eder. Bunlara görev ya da ödev de denir. Yapılması gerekli işler, genellikle yapılırken can sıkan ama yapılıp bittiğinde ise sevinç uyandıran, yararlı sonuçları olan işlerdir. Sonucunda zevk, sürecinde acı olan işlerdir. Yapmak istediklerimiz ise daha mutlu olabilmek için canımızın istediği işler ve davranışlardır. Yapılırken kendinizi mutlu hissettiğiniz işlerdir.

Ancak çoğu kez yapmak istediklerimiz ile yapmamız gerekenler çatışır. Kendi içimizde ikiye bölünürüz. Bir yanımız bir gün sonraki sınava hazırlanmak, diğer yanımız televizyonda o anda yayınlanan en sevdiğimiz dizinin yeni bölümüzü izlemek ister. *Başarılı bir hayat yaşamanın gereği ile keyifli bir hayat yaşamanın gereği çatışınca ne yaptığımız, hayatımızın gelecekte nasıl olacağını belirler.* Bu noktada doğru ya da yanlış yoktur, seçim vardır. Başarılı olmak istiyorsanız, ders çalışmayı seçmeniz doğrudur, sadece keyifli bir hayat yaşamak istiyorsanız, o zaman TV izlemek doğru seçenektir. *Ders çalışmayı çok seviyorsanız zaten böyle bir yol ayrımı sorununuz yoktur.*

Eğer başarılı olmayı seçtiyseniz, bu noktada irade gücü ile kendinizi zorlama yeteneğine ihtiyaç duyacaksınız. *Yapmanız gereken ama o anda yapmak istemediğiniz bir iş karşısında kendinizi harekete geçirmenin en iyi yolu irade gücüyle kendini zorlamaktır.* İrade gücü, iç disiplin demektir. Yapılması gereken bir işi ertelemeden vaktinde yapacak şekilde kendini zorlamayı beceren kişiler güçlü iç ve iş disiplinine sahip, dıştan zorlanmaksızın işlerini yapan insanlardır. *Yapmaları gereken bir işi iç disiplin ile yapmayanlara, o iş genellikle dış disiplin ile, yani zorla yaptırılır.*

İç disiplin genellikle iki halde bozulmaktadır: İşler çok iyi gittiğinde ve işler çok kötü gittiğinde! Hayal kırıklığı da, hayallerin ötesinde başarılar da iç disiplinin mekanizmasını zorlar. Motivasyon içimizdeki gücü uyandırır, iç disiplin bu gücü kontrol eder, akıl ise kullanır.

Güçlü bir iç disiplin ile etkin bir kişisel organizasyon sistemi bir araya geldiği zaman atalet oluşacak bir ortam bulamayacaktır. *İç disiplini yüksek insanlar kumdan değil kilden insanlardır, sıkı çalışmanın ter suyuyla hemen dağılmazlar! Kendinizi ataletten kurtarmak için, kullanabileceğiniz en güçlü araç irade gücüdür. Kendi içinize dönün, toplayın tüm dağılmış parçalarınızı, kavrayın kendinizi sımsıkı, kaburgalarınız iradenizin pençeleri gibi sarsın bedeninizi, egemen olun kendinize ve yapmanız gerekeni yapın.* Tek başına irade gücü, atalete rağmen insanı harekete geçirmeye yeter. Kalkın ve yapmanız gerekeni yapın!

Öğretmenin gücünü kullanarak ataletten kurtulmaya çalışmak

Ataleti yenmek ile ilgili öğrendiklerinizi kendi ataletlerinizle başa çıkmak için kullanabileceğiniz gibi, başkalarını harekete geçirmek için de kullanabilirsiniz. İnandırıcı olabilmeniz için, öncelikle kendinizden başlamanızda yarar var! Başkalarını ataletten kurtarmanın yolu kendi ataletlerinizden kurtulmanıza bağlıdır. Çünkü insanlar söylediklerinizi değil yaptıklarınızı izlerler.

Bununla birlikte başka birinin ataletlerini kırmaya çalışmanız, kendi ataletinizi yaratan kör noktalarınızı ve duygusal zayıflıklarınızı görmenizi sağlar. Ataletten kurtulmayı öğrenmenin en iyi yollarından biri, bir başkasına ataletten nasıl kurtulabileceğini öğretmeye çalışmaktır. Bir konuyu *öğretecekmiş gibi öğrenen* insan, bildiklerini beynine çift dikişle kaydeder.

Başka insanlara ataletlerinden kurtulmayı öğretmeye çabalamak insanların ne kadar saçma sapan nedenlerle kendilerini sı-

nırlandırdığını ve kendi potansiyellerine ihanet ettiklerini görmeyi sağlar. Ataletlilerin ellerinden çok dillerinden iş gelmesinin nedenlerini anlarlar. İnsanların nasıl da kendi tembelliklerinden duygusal menfaat sağladıklarını, bir de sıkılmadan hayatı ve çevre şartlarını suçladıklarını görebilirler.

En ataletli çalışandan, şirketin diğer personeline "ataleti yenmek" konulu inandırıcı bir konuşma yapmasını istemek, sınıfın en yaramaz çocuğunu sınıf başkanı yaparak uslandıran ilkokul öğretmenlerinin taktiğini uygulamaya benzer. Kanımca işe de yarar. *Ataletli bir öğrenciyi ataletten kurtarmanın en iyi yolu, ona bu kitabı ev ödevi olarak verip diğer öğrencilerin ataletini yenmesi için bir sunum yapmasını istemektir.* Diğer öğrencileri ataleti yenmeleri için inandırmaya çalışırken, kendi yapması gerekenlerin de farkına varacaktır! Bu, çok güçlü bir ikna yoludur, çünkü ikna etmeden ikna etmeye dayanır. İnsanın kendini kandırma becerisini, olumlu yönde kullanmanın en iyi yoludur.

Başkalarının ataletlerini yenmelerini sağlamak için neler yapabilirsiniz?

1. Onlara atalet halini tanıtmakla işe başlayabilirsiniz. Herhangi bir problemin "adını koymak" çözümün yarısıdır. Bu kitabı okutmanız kişisel ataletlerini fark etmesi ve atalet halini tanıması için yararlı bir başlangıç noktası olabilir.
2. Kitaptan yararlanarak muhatabınıza atalet üreten paradigmasını bir bütün olarak gösterebilirsiniz.
3. Onlara ataletin sonuçlarını, bugün "yapmadıklarının" gelecekteki sonuçlarını olabildiğince canlı ve gerçekçi bir şekilde anlatmalısınız.

4. Muhatabınıza sadece hareketin değil ataletin de bedellerinin olduğunu anlatmalısınız.
5. Onlara iç engellerinin neler olduğunu göstermelisiniz. Sınırlayıcı inanç, düşünce ve kararlarını tanımasını sağlamalısınız.
6. Hareketsizliğinin kaynağının "dış güçler" değil, iç güçler olduğunu, olayları yorumlama şeklinin her şeyi belirlediğini anlatmalısınız. Eylemsizliğin kendi seçimi olduğunu ve her durumda yapılabilecek bir şeylerin olduğunu vurgulamanız önerilir.
7. Muhataplarınızın atalet halinden elde ettiği gizli kazançlarının neler olduğunu onlara keşfettirmeye çalışabilirsiniz.
8. Onlara esinlendirici ve gerçekleşebilir amaçlar belirlemelisiniz.
9. *Başkalarının ataletlerini yenmeye çalışırken, karşınızdakinin gönüllü olmasına özen gösterin.* Bir kişi hem ataletli hem de "ataletliyle mutlu" ise, ataletiyle arasına girmemeniz önerilir! *Kendine yardım etmeye niyeti olmayan hiç kimseye yardım etmeyin, çünkü sonuç alamazsınız.*

Ataleti sermaye yapmak!

Eski Cumhurbaşkanı Süleyman Demirel, bir gün ünlü doktor Osman Müftüoğlu ile tanışır. Müftüoğlu'ndan sağlık danışmanlığını yapmasını ister. Birkaç gün sonra Müftüoğlu bir program ile Demirel'e gider. "Efendim," der, "her gün yarım saat yürüyüş yapar, günde şunları yer, kilonuzu yüzde şu kadar indirirsek sağlıklı bir şekilde yaşarsınız!"

Demirel'in cevabı şaşırtıcıdır: "*Bana kilo verirsem, spor yaparsam, nasıl sağlıklı olacağımı anlatma, bu halimde nasıl sağlıklı kalırım onun yolunu göster!*"

Demirel'in bu cümlesinin Türkiye'de yaşayan önemli bir kesimin bakışını çok iyi yansıttığını düşünüyorum. Bana inanın, mesleki başarımın en az yüzde onunu bu cümleyi duymama borçluyum. Bu cümle benim için bir milyon dolarlık hayat dersi oldu.

Ders neydi: *Bazı insanlar başarılı olmak için (başarının gereklerine göre) değişmek istemezler, oldukları gibi kalarak, olmak istedikleri yere ulaşmak isterler!* Bu eşyanın doğasına ters bir durumdur ama yine de yurdum insanları arasında yaygın bir beklentidir. Saçmadır ama gerçektir.

Bu düşünme biçimini atalet durumuna uygulamak gerekirse, "*Ataleti yenmek için neler yapmam gerektiğini anlatma, hiçbir şey yapmadan ataleti nasıl yenerim onu göster bana!*" cümlesiyle karşılaşırız. Peki bu mümkün mü? Atalet zaten hiçbir yapmamak demek!

Eğer tüm çabalarınıza rağmen ataleti yenemiyorsanız, doğuştan ve sonsuza kadar ataletli biri olduğunuzu düşünüyorsanız, yapabileceğiniz son bir şey var: *Ataletli olduğunuz için yapamadığınız şeyleri başkalarına nasıl yaptırabileceğinizi düşünün!*

Kendinizi çalıştıramıyorsanız, başkalarını çalıştırmayı deneyin. Kendinizi çalıştırmak değil, başkalarını çalıştırmak üzerine kurulu mesleklere, mesela politikacılığa ve patronluğa yönelin! Tembelliğinizi biraz kurnazlık, biraz da akıl kamaştıran kelimelerle birleştirebilirseniz belki başbakan bile olabilirsiniz. Bu öneri "doğru yol" olmayabilir ama bazen işe yarayan bir yoldur.

ÖZEL BAZI ATALET TÜRLERİ VE BUNLARA UYGUN BAŞA ÇIKMA ŞEKİLLERİ

Yapabilirsiniz.
Çünkü yapmalısınız!

Goethe

Kitabın bu kısmında bazı özel atalet hallerini, nedenleri ve çözümleriyle ele alacağız. Kendinize uyanlarını seçmeniz ve önerilenleri uygulamaya çalışmanız, sizin için yararlı sonuçlar doğurabili

Önemli işlere öncelik vermemekten doğan atalet ve başa çıkma yolları

İş hayatına girip zamanımızın yetmeyeceği kadar sorumluluklarımız olunca daima *önemli işler* ile *acil işler* arasında bir tercih yapma sorunuyla karşılaşırız. Önemli işler, acilen yapılması gerekmeyen ama yapılmaması halinde zaman içerisinde büyüyecek ve gelecekte devasa bir karşımıza çıkacak olan işlerdir. Aciliyeti olan işler ise hemen yapılması veya ilgilenilmesi gereken işlerdir.

Önemli işler profesörler gibidir. Saygın, saygılı, sessiz ve sadedirler. Mütevazı olmayı ve arka planda kalmayı severler. Kendilerini fark ettirmek gibi bir dertleri yoktur. Acil işler ise pop starları gibidir. Cazgır ve arsız, kendini göstermeye ve ilgi odağı olmaya çalışan kişilerdir. Gerçekte önemsizdirler, ama etrafa saçtıkları ışığın gözleri kamaştırmasından bu anlaşılmaz!

Etkin insanlar önemli olanın yapılan faaliyet sayısı değil alınan sonuç sayısı olduğunu, bundan daha da önemli olanın ise işlerin hem önemlilik hem de aciliyet kriteri göz önüne alınarak hazırlanmış bir sıraya göre yapılmasının gerektiğini bilirler.

Stephen Covey *Etkili İnsanların Yedi Alışkanlığı*[5] adlı kitabında, özetle "Önemli işlere öncelik ver" demektedir. Goethe'nin *"En önemli şeyler, asla en önemsizlerin insafına bırakılmamalıdır"* özdeyişiyle giriş yapan Covey, "yapılması gereken işler" listemizdeki faaliyetleri dört gruba ayırıyor:

1. Önemli ve acil işler: örneğin büyük ve ani bir kriz.
2. Önemli olan ama acil olmayan işler: örneğin gelecek yılı planlama.
3. Önemli olmayan ama acil olan işler: randevusuz gelen bir ziyaretçi.
4. Önemli ve acil olmayan işler: telefonda "geyik" yapmak.

Önemli ve acil işler "derhal" yapılmalıdır. Önemli olan ama acil olmayan işler ise "en kısa zamanda" yapılmalıdır. Önemli olmayan ama acil olan işler başkalarına delege edilmeli ama görevlendirilen kişi denetlenmelidir. Hem önemsiz hem de acil olmayan işler başkaları görevlendirilerek yaptırılmalı ya da boş zamanlarda ilgilenilmelidir.

"Etkili zaman ve yaşam yönetiminin özünün, dengeli önceliklerin etrafında örgütlenmek ve uygulamaya geçmek olduğunu söylerim" diyen Covey, bu formülün uygulanması sırasında karşılaşılabilecek kör noktaları şöyle sıralıyor:

"1) Öncelik oluşturma beceriksizliği, 2) Önceliklerin etrafında örgütlenme beceriksizliği ya da isteksizliği, 3) Bunların etrafında uygulama yapmak, önceliklerinizi ve kurduğunuz düzeni korumak için gereken disiplin eksikliği."

Önemli işleriniz ile acil işleriniz arasında uyumlu ve dengeli bir sıralama yapmak için aşağıdakileri uygulayabilirsiniz:

1. Yapılacak işlerinizin tümünün bir listesini çıkarın. Yazılı olarak düşünmek fikirlerin sistematik ve net olmasını sağladığı için lütfen bu işlemi "kafadan" yapmayın.
2. İşleri Covey'in ayrımına göre "1. gruba giren işler", "2. gruba giren işler" gibi ayırın.
3. İşleri bitirmek, listenizi hayata geçirmek için gerçekçi bir zaman çerçevesi koyun. Hangi işi ne zaman yapmalısınız? İşleri ne kadar sürede tamamlamalısınız?
4. Harekete geçin! (İki atalet noktası olabilir: 1. Listeyi hazırlamama. 2. Hazırladıktan sonra harekete geçmeme.)

5. İşleri ait oldukları sınıfa göre ele alın. Acil işlerin kendini öne çıkarmaya çalışmasına aldanmayın. *İşlerin yapılma önceliği de yukarıdaki kategorizasyona göre olmalıdır.* Öncelikle birinci grupta yer alan işler bitirilmelidir. Bu işler bitirilmeden ikinci gruba geçilmemelidir. Alt gruplardaki işler için de aynı hiyerarşi uygulanmalıdır. Önemli işlere öncelik verin. Uygulamada göstereceğiniz disiplin başarınızı taçlandıracaktır.
6. Daha fazla bilgi ve sistem öğrenmek için Stephen Covey'in "Önemli İşlere Öncelik" ve "Etkili İnsanların Yedi Alışkanlığı" adlı kitaplarını okuyabilirsiniz.
7. Kitabımızın sloganını aklınızdan çıkarmayın: *"En büyük bilgelik neyi ihmal etmemek gerektiğini bilmektir."*

Rahatlık ve konfor tuzağına düşmekten doğan atalet ve başa çıkma yolları

Sükûnet ve huzur gibi insanlığın peşinden koştuğu değerlerin yan etkilerinden biri atalet yaratabilmeleridir. Başarılı olmak isteyen kişiler, fırlatılmak üzere olan yayın üzerine konulmuş bir ok gibi "ileri fırlama gerginliği" içerisinde olmak zorundadır. Huzur merkezli bir hayatın bedeli küçük ölçekli başarı ya da başarısızlık olabilmektedir.

Bu, neden böyledir? Çünkü başarı bedel ister! En iyi yıllarınızı, en iyi fikirlerinizi, bedensel ve zihinsel kuvvetinizi, zihinsel gündeminizi, yüreğinizin derinliklerini ister.

Hem çok başarılı hem de çok huzurlu bir hayat istemek –emeklilik günlerini saymazsak– pek makul bir talep değildir! Başarılı olmak için stres yaşamanız, insanlarla didişmeniz, iç çatışma yaratan tercihler yapmanız, fiziksel olarak zorlanmanız, çoğu gece uykusuz kalmanız, kendinizle ilgilenemeyecek kadar meşgul olmanız, insanların kapris ve egolarına katlanmanız, ağır finansal baskı altında çalışmaya alışmanız, bazen güçlü bazen gülünç duruma düşmeniz, bazen kendi prensiplerinizi ihlal etmeniz gerekecektir.

Başarıya ulaşmak için yapılan tüm bu davranışlar insanı huzurdan biraz uzaklaştırabilir. *Büyük başarılar da başarısızlık da huzursuzluk yaşatır. Ancak orta büyüklükte bir başarı, kabul edilebilir düzeyde bir huzurla yaşamayı sağlayabilir.*

Değerler hiyerarşinizde başarılı olmanın huzurlu olmaktan daha önemli olduğunu varsayarak yolumuza devam edelim.

Başarı yolunda giderken dikkat edilmesi gereken ilk tehlike "rahatlık tuzağı"dır. *Rahatlık tuzağı, bir kişinin hayatının daima sorunsuz olması, rahatsızlık veren durumların olmaması gerektiğine inanmasıdır. Bu, başarının doğasına aykırı bir beklentidir.* Hayata böyle bir talep yüklemek temelsiz ve atalet yaratan bir değerlendirmedir. Hele Türkiye'de yaşayan birinin bunu yapması asla kabul edilemez!

Eğer siz de;

- Başarısız olup da huzurunuzun bozulacağından korkarak eyleme geçmeyip projelerinizi devamlı erteliyorsanız,
- İleride size çok zevkli duygular yaşatacak ya da mevcut acılarınızı dindirecek bir amaç için biraz acıya katlanmanız gerektiğinde bunu yapmıyor, sürekli erteliyorsanız,

Siz de konfor ve rahatlıktan doğan atalete yakalanmışsınız demektir.

Özellikle ilk başarısını gerçekleştirmiş ve "belli bir yere gelmiş" kişilerde rahatlık ve konformistlik yüzünden baş gösteren atalet haline sıkça rastlanmaktadır.

Kısa ve uzun vadeli hazlar alma eğilimi "Rahatlık Tuzağını Aşmak[6]" adlı kitapta şöyle tanımlanıyor: "*Kısa vadeli hazlar alma eğilimi, isteklerimizin ânında yerine getirilmesi ve yaşayacağımız rahatsızlıkların kısa sürede geçmesi gerektiği felsefesidir. Uzun vadeli hazlar alma eğilimi ise, kişilerin kendileri için daha önemli olan uzun vadeli hedeflere ulaşmalarını engelleyecekse, kısa vadeli hazlardan vazgeçmesini ifade eder.*"

İnsanların büyük kısmının temel sorunu anlık hazlar peşinde yaşayıp başarı için yapmaları gereken fedakârlıkları yapamamalarıdır.

Başarılı olmaya çalışırken insan fedakârlık eder, bunu yaparken de acı çekebilir ama bu fedakârlığı yapmayanlar da başarısız olunca pişmanlığın verdiği acıyı çeker.

Başarılı insanlar başarılı olmaya çalışırken başarısız insanlar kâh TV seyrederek, kâh "okey" oynayarak, kâh sevgilisiyle gezerek eğlenir. Başarılı olmaya çalışanlar iç disiplinleriyle kendilerini baskı altında tutup acı çekerken başarısızlar, canlarının istediğini yapar ve eğlenirler. Zamanla başarılı olmaya çalışan kişiler hedeflerini gerçekleştirmeye ve yıllarca erteledikleri keyifleri yaşamaya başlarlar. Başarılı olmak için çaba harcamayanlar ise bu sırada yenilmenin, kaybetmenin, yoksulluğun ve mutsuzluğun pençesinde acı çekmektedirler. *Dikkat ederseniz başarılı insanlar önce acı çeker, sonra hazları yaşar. Başarısız insanlar ise önce hazzı yaşar, sonra acı çeker.*

Unutmayın, başarılı insanlar ile başarısız insanlar arasındaki farkı yaratan *sevmedikleri işleri yapma şekilleridir.* Yaşamı boyunca başarılı insanların sahip olduğu ortak yönleri araştıran E.M. Gray, *"Başarılı insanların, başarısız kişilerin yapmaktan hoşlanmadığı şeyleri yapmak gibi bir alışkanlıkları vardır. Onlar da bu işlerden hoşlanmıyor olabilirler. Ancak hedefe varma arzularının gücü, hoşnutsuzluklarını yener"* diyor.

Mükemmeliyetçilikten doğan atalet ve başa çıkma yolları

Shakespeare *"Daha iyi, iyinin düşmanıdır"* der. Çok sayıda insan en iyisini yapmayı planlarken, hiçbir şey yapmadan dünyadan gitmiştir. *Hataları, en iyisini yapıncaya kadar hiçbir şey yapmamalarıdır.* Mükemmeliyetten doğan atalet, bir işi kusursuz bir şekilde yapıncaya kadar sadece düşünen, onu yapmak için hiç harekete geçmeyen insanlarda görülür.

Aklına gelen ilk fikre razı olmayıp daha iyisini aramak, yanlış bir davranış değildir ancak en mükemmel şekli buluncaya kadar aşırı derecede beklemek ya da insanları bekletmek heyecanı tüketerek ataletin oluşmasına neden olmaktadır. Mükemmeliyetçilikten doğan atalet, hem kişisel hem de kurumsal düzeyde geçerlidir.

Psikiyatr Yankı Yazgan kendisindeki atalet türünün ne olduğunu şöyle açıklamıştı:

"Ataletin olası birçok sebebi var. Kendi ataletime ya da 'atıl hale geldiğim durumlara' yakından bakınca gözüken şu: Her şeyi, çok şeyi aynı anda yapmak istiyor, bir tek şeyi bile eksik bırakmamaya çalışıyorum. Ama 'Eksik kalmasın' derken, valiz hazırlığını bir türlü tamamlayamayıp yola çıkamayan yolcu gibi, o işe başlayamıyorum. Bu 'mükemmeliyetçilik' hali, işin basamakları arasındaki öncelik tayinini doğru yapmamı engelliyor.

Her şey eşit önemdeymiş gibi davranıyor, 'hemen' yapılması gereken ile 'sonra' yapılması gerekenlere aynı önceliği veriyorum. Çok yapmak istediğim bir şeyi bile 'yapmıyor' gözükmem bu 'mükemmeliyet'çilikten... Sonuçta 'hiçbir şey' ya da 'berbat bir şey' ortaya çıkıyor. Ataletimin bir başka sebebi de, yapmak istediğimi iyi yapabileceğime inanmadığım için, işe başlamayı ertelemek... Her şeyi en iyi şekilde yapmak mecburiyetindeymişim gibi hissedip, 'iyi yapamama' olasılığı nedeniyle hiç harekete geçmemek."[7]

Mükemmeliyetçilerin en büyük yanılgısı iyileştirmeyi araç olmaktan çıkarıp amaç haline getirmeleridir. *İnsanlığın nihai amacı sonuç almaktır.* Henry Ford'un deyişiyle *"Hayatın gerçek amacı bilgi değil eylemdir"*. Mükemmeli buluncaya kadar eyleme geçmeyenler olduğu gibi mükemmelliğin sonunu göremedikleri için mükemmeliyetçilik yolunda hiç eyleme geçmeyenler de vardır. M. Harrington, *"Mükemmelliğe giden yolculuk, hiçbir zaman sona ermeyecek bir yoldur. Bazı insanlar, yolda belirgin bir son göremedikleri için hiçbir zaman ilk adımı atmazlar"* diyor.

Geleneksel tarzda iş gören yurdum insanında, mükemmeliyetten doğan atalete pek rastlanmaz. Çünkü onlar Türk usulü başarının temel kuralı olan "Göç yolda düzülür" atasözünü iyi bilirler. Türk usulü iş yapmanın karakteristik özelliği yapılacak işi, *işi yaparken* planlamak ve öğrenmektir! Bizde "istim arkadan gelir". *Mükemmeliyetçilikten doğan atalet, geleneksel Türklerden daha çok, Batı eğitimli ve modern Türklerde görülebilmektedir.*

Mükemmeliyetçilikten doğan atalete karşı neler yapılabilir?

1. Görevinizin mükemmeli değil *elinizden gelenin en iyisini* yapmak olduğunu unutmayın.

2. *Bir noktadan sonra zihinsel düzeyde mükemmelleştirmeyi bırakıp uygulamada mükemmelleştirmeye geçmeyi denemeye ne dersiniz?* Zihinsel düzeyde mükemmelleştirmenın sınırı yoktur. Çünkü zihin fiziksel dünyanın zaman, enerji, finansal maliyet gibi sınırlamalarına tabi değildir. Oysa fiziksel dünyada (uygulamada) yapılacak iyileştirmeler daha gerçekçi ve pratiktir.
3. *İşi bitirmek için bir tarih belirleyin ve bu tarihte teslim etmek için muhataplarınıza söz verin.* Mükemmeliyetçi olmak ile sözünde durmamak değerler çatışmasına neden olarak sizi eyleme zorlayacaktır.
4. Bir işi planlamaya ayırdığınız sürenin, o işi yapmaya ayırdığınız süreden daha fazla olmamasına dikkat edin.
5. Sizin gibi mükemmeliyetçi insanlardan uzak, eylemci ve "iş bitirici" insanlara yakın durun.
6. Bir düşünceyi uzun süre uygulamadan düşünmenin o fikri çürüteceğini, sizin ve diğer insanların bir noktadan sonra sonuç görmek isteyeceğini unutmayın.

Kendinden hoşnutluk, yani egodan doğan atalet ve başa çıkma yolları

Bu atalet türü büyük amaçları kolayca elde etmiş kişi ve kurumlarda, bir alanda tekel durumuna gelmiş kurumlarda, duayen olmuş insanlarda görülebilir. Oluşum nedeni aşırı özgüvenin getirdiği kendinden emin olma duygusunun gayreti ve yeni şeyler öğrenmeyi engellemesidir. Kişi ya da kurum kendisi veya başkaları için çok önemli bir iş başarır, bu başarısını defalarca tekrarlar ve "en büyük" konumuna yerleşirse belirgin bir duraklama dönemine girer. Her büyük iş başarmış kişi ya da kurumda bu tür ataletin oluşması beklenmemelidir. *Ancak büyük bir iş başarmış, bu başarıyı defalarca tekrarlayabilmiş ve daha büyük bir başarıyı kendine hedef olarak koymamış kişi ve kurumlarda bu tür atalet yaygındır.*

Edward De Bono[8] kendinden hoşnutluk çeşitlerini dört gruba ayırıyor:

1. *Rahatlık nedeniyle kendinden hoşnutluk:* İşaret cümleleri: "İyi gidiyoruz", "Pazarda kendimize ait küçük bir köşemiz var", "Ayakta kalıyoruz".
2. *Gevşeklik nedeniyle kendinden hoşnutluk:* İşaret cümleleri: "Bu projeyi şimdilik durdurabiliriz", "Satışları artıramadığımıza göre maliyetleri azaltalım".
3. *Kibir nedeniyle kendinden hoşnutluk:* İşaret cümleleri: "Çok başarılıyız, demek ki doğru olanı yapıyoruz", "Bu alanda dünya önderiyiz", "Başkalarından öğreneceğimiz bir şey yok, biz başkalarına öğretiyoruz".
4. *Vizyonsuzluk nedeniyle kendinden hoşnutluk:* İşaret cümleleri: "Daha fazla ne yapılabileceğini göremiyorum", "Herkes kadar iyi gidiyoruz", "Başka bir şey yapmamız gerektiğine beni inandırın".

Bono'nun yaratıcı düşünmeyi engellediğini iddia ettiği bu unsurlar aynı zamanda atalet yaratmaktadır. Bu unsurlar öncelikle kişiyi atalete düşürmekte, atalete düşmüş kişiler ya da kurumlar da yaratıcı düşünmek için hiçbir çaba harcamamaktadır.

Bu unsurların "başarılı" kurum ve kişileri tehdit ettiğini bilmek önemlidir. Bazı başarılı kurum ya da kişiler, daha farklı ve büyük neler başarmak gerektiğini bilmediklerinden (vizyonsuzluk), başarılı olmak için daha iyi yollar veya yöntemler aramaları gerektiğine inanmadıkları için (kibir), daha çok iş başarmak ve sonuç almak için şevk duymadıkları için (gevşeklik) ve beklentilerini sınırlayıp defansif oynamaya başladıkları için (rahatlık) atalete düşerler. Bunların tümüne birden kendinden hoşnutluk (Türkçe ifadeyle "kendini beğenmişlik") nedeniyle düşülen atalet diyebiliriz.

Bono ilgili makalesinin sonunda uyarıyor: "Görüldüğü gibi kendinden hoşnutluğun ikiz tehlikeleri şunlardır:

- Yavaşça sürüklenme ve çöküş.
- Kullanılmayan potansiyel ve fırsatlar."

Kendinden hoşnutluk nedeniyle oluşan ataleti yenmek için neler yapılabilir?

1. *Öncelikle durumunuzu fark edin.* Mevcut durumunuzu anlattıklarımız ışığında analiz edin. Büyüklük nedeniyle kendinden hoşnutluk yaşadığınız noktaları keşfedin. Bunun için en güçlü ve en iyi olduğunuz noktalara bakmalısınız.
2. *Vizyonu büyütün.* Gerçekleştirilen her amaç gerçekleştirilmesi gereken yeni amaçlar için araçlara çevrilmelidir. Küçük dağları ben yarattım diye düşünmeyi bırakıp etrafınızda gördüğünüz en büyük dağa göz dikin!
3. *Mütevazı olun ve arkanızdakileri izleyin.* Eğer en öndeyseniz önünüze geçebilecek kişinin sadece ve sadece arkanızdan geleceğini fark edin. Sadece ön camla ilgilenmeyin, dikiz aynasından gerinizden gelenleri de takip edin.

4. *Öğrenmede büyüklüğün ve gücün getirdiği "kasıntılığın" büyük bir dezavantaj olduğunu unutmayın.* Öğrenme her insanın temelde eşit olduğu bir alandır. Öğrenirken ve istihbarat toplarken kariyerinizi ve konumunuzu aklınıza getirmeyin.
5. *Pepsi'nin sloganıyla söylersek "Daha fazlasını isteyin."* Burada amaç hasislik değildir. Mevcudu korumak için de daha fazlasını elde edecek şekilde çalışmak gerekir.
6. *Yeni konumunuza uygun yeni misyonlar edinin.* Kendinize daha büyük ölçekte, daha üst düzeyde "varlık nedenleri" bulun.
7. *Başarı koordinatlarınızı sık sık kendinize hatırlatın.* Başladığınız yer, geldiğiniz yer ve gitmek istediğiniz yeri karşılaştırın. Bulunduğunuz yer ile olmak istediğiniz yer aynı ise o zaman yeni bir "olmak istediğiniz yer" bulun!
8. *Tarih kitaplarından kendinden hoşnutluk nedeniyle atalete düşmüş kurum ve kişilerin mahvoluş öykülerini okuyun!*

Amaçsızlık ve bir başarı projesi olmamaktan doğan atalet ile başa çıkma yolları

Bir insanın temel hayat amaçlarını bilmesi hayatı üzerinde kontrol duygusu yaratarak onu dinamik tutar. Eğer bir kişi 5-10 yıl sonrası için nasıl yaşamak istediğini gösteren bir "zihinsel resme" sahip değilse, bu durum onu atalete kapılmaya yatkın hale getirecektir.

Hiçbir amacı olmayan ve hayatın herhangi bir anlamının olmadığını düşünen bir kişinin atalete düşmesi kaçınılmazdır.

Aynı şey kurumlar ve toplumlar için de geçerlidir. Paylaşılan bir hedefin (vizyon) olması yön ve yolların daha kolay seçilmesine, dolayısıyla enerjinin amaca akmasına, hareketin hızlanmasına, ataletin kırılmasına yol açacaktır. Genel bir kanı olarak "Ataletli insan, organizasyon ve toplum yoktur, ne istediğini bilmeyen insan, kurum ve toplum vardır" diyebiliriz.

Amaç varılmak istenen yerdir. Başarı planı ise o amaca varmak için nelerin hangi sırayla, kimlerle yapılması gerektiğini saptamak ve bunları sonuç alıncaya kadar uygulamaktır. Ne istediğini ve varılacak yeri bilmek bizi harekete geçirecek enerjiyi ve isteği sağlar. Kişisel organizasyon ise süreç içerisinde dağılmamamızı, güçlerimizi amaçlarımıza yönelik kullanmamızı, amacımızı hep aklımızda tutmamızı sağlar. Kişisel organizasyonun önemli bir kısmı da zaman yönetimini bilmektir.

Yöneticiler açısından bakıldığında kişisel organizasyon hangi işin kime, ne zaman, hangi standartlarda yaptırılacağı ve performansın nasıl ölçüleceği ile ilgilidir. Günümüzde başarılı yöneticilik demek pratikte kime, hangi işi, nasıl yaptırabileceğini bilmek ve işleri bıkmadan ve bıktırmadan sonuçlanıncaya kadar takip edebilmek demektir. Vehbi Koç kişisel organizasyonu başarıyla gerçekleştirebilen bir kişi olarak bilinmektedir. Sürüncemede kalan işleri unutmamak ve sonuç almak uzun sürse de verdiği bir görevin son durumunu periyodik olarak takip etmek başlı başına bir başarıdır. Bu başarının içinde düzenlilik, takipçilik, sistematik çalışma ve sabır bulunmaktadır.

Vehbi Koç'un en sevdiğini söylediği söz de özünde atalete ilişkindir. Koç'un"kendi kendini motivasyon mesajı" şudur: *"Ey Tanrım, hayatımda değiştirilebilecek şeyleri değiş-*

tirecek cesareti, değiştirilemeyecek ya da değiştirilmesine lüzum olmayan şeyleri kabul edecek kuvveti (sabrı) ve bu iki şeyi birbirinden ayırabilecek aklı ver bana!" Ataletlerinizi yenebilmek için hayatınızdaki değiştirilmesi gereken ve değiştirilebilecek olan şeyleri değiştirecek cesaretinizin olması gerekir.

Amaçsızlık ve kişisel organizasyon yeteneğinin gelişmemiş olmasından doğan atalet ile başa çıkmak için neler yapılabilir? Kişisel organizasyon teknikleri ile ilgili eğitimler almak ya da kitaplar okumak en iyi çözümdür. Hedef belirlemenin yolları yüzlerce kişisel gelişim kitabında anlatılmaktadır. Hayat amaçlarını belirlemek teknik bir işlemdir ve konuyla ilgili kitaplardan nasıl yapılabileceği öğrenilebilir. Benim *"Ya Bir Yol Bul, Ya Bir Yol Aç ya da Yoldan Çekil"* adlı kitabımda da bu konuda bilgi bulabilirsiniz.

İç çatışmalardan doğan atalet ve başa çıkma yolları

Bir kişi yaptığı işe inanmıyor, o işi yapmayı anlamsız veya ahlâk dışı buluyor ama yine de mecburiyetleri nedeniyle yapıyor ise bu durum onda iç çatışma yaratacaktır. Bu tür iç çatışmaların en yaygın olanı değerler ile stratejiler arasındaki uyumsuzluktan dolayı yaşanan çatışmadır. Kendi iç barışı bozulan ve kendi kendisiyle kavga eden bir kişi tüm ilgisini ve enerjisini içindeki savaşa tahsis edecek, bu nedenle de herhangi bir şey yapmak istemeyecektir. Bu durum atalet yaratacaktır. *Sattığı ürüne inanmayan ama ev kirası için onu satmaya devam eden bir pazarlamacının içine düştüğü atalet çeşidi budur.* İç çatışma yaşayan insanlardan oluşan bir şirket de enerjisini ve kapasitesini kullanamayacaktır.

Behçet Kemal Çağlar "İki Ses" adlı şiirinde, kendi iç çatışmasını şöyle anlatır:

Dışarıdan herkes:—Görmemiş ol, savuş...
İçimden bir ses:—Konuş! Konuş! Konuş!

Dışarıdan herkes:—Böyle uslu, yavaş...
İçimden bir ses:—Savaş! Savaş! Savaş!

Dışarıdan herkes:—Tıkırında işin...
İçimden bir ses:—Düşün! Düşün! Düşün!

Dışarıdan herkes:—Bugüne uy, barın...
İçimden bir ses:—Yarın! Yarın! Yarın!

İç çatışmalar, kafamızın içinde iç konuşmalar şeklinde yaşanır. Hepimiz kafamızın içinde bazı konuları kendi kendimize tartışarak ne yapacağımıza ve ne yapmayacağımıza karar vermeye çalışırız. İşte bu iç konuşmalar çok uzayınca, kişi değerler çatışması yaşıyor demektir. Bu durumda kişi kafa karışıklığından, tıpkı beline bağlanmış dört farklı urganla dört farklı yönde çekilen insan gibi, olduğu yerde kalır. Kendimizle konuşmamız çok önemlidir çünkü iç konuşmalarımız ne hissedeceğimizi, ne hissettiğimiz ne yapacağımızı, ne yapıtığımız ise hayatta ne olacağımızı belirler.

Kendinizle konuşurken, kurduğunuz cümleler sizi atalete de sürükleyebilir harekete de geçirebilir. Karşılaştığınız her kötü olaydan sonra kendi içinizden "Bu ülkede yaşanmaz" diyorsanız, haklı dahi olsanız atalete düşmeniz kaçınılmazdır. Yapılan araştırmalar iç konuşmaların üçte ikisinin olumsuz ve sınırlayıcı olduğunu göstermiştir.

İçinizden yaptığınız konuşmalarla ilgili dikkat etmeniz gereken noktaları şöyle özetleyebilirim:

1. *Olumsuz içten konuşmaları zihninizde tekrarlamayın.* Zihninizde her tekrarlayışta kendinizi "doldurursunuz." İçinizde defalarca tekrarladığınız bir düşünce beyniniz tarafından tartışılmaz inançlara dönüştürülebilmektedir. Kafanızın içinde defalarca ben tembelim derseniz, bu sizi daha da tembel yapar.
2. *Kendinize sürekli neyi yapamayacağınızı anlatmayı bırakın, neyi nasıl yapabileceğinize kafa yorun.* Kafanızı neyi kanıtlamaya zorlarsanız, onu size kanıtlar. Başarısız biri olduğunuza ve hiçbir şey yapamayacağınıza (ya da yapmak istemediğinize) konsantre olursanız, beyniniz bunları doğrulayan verileri aklınıza getirecektir. Kendinizin ana muhalefet partisi olmayı bırakın, dış dünyada yeterince engelleyici bulunuyor!
3. *Hem negatif, güçsüzleştirici, atalete düşürücü bir konuşma yapıyor hem de bunu duygusal bir ses tonuyla yapıyorsanız o sözlerden yoğun olarak etkilenmeniz kaçınılmazdır.* Olumusuz iç konuşmalar yapmaya başladığınızda, gidip başka konularda başkalarıyla konuşun ya da radyo dinleyin. Dış konuşma yaparken aynı anda iç konuşma yapmanız zordur.
4. *İç çatışmanın kaynağı psikolojik olabileceği gibi, kültürel nedenlerle de olabilir.* Doğulu mu Batılı mı, köylü mü kentli mi olmak istediğine karar verememiş "ortaya karışık hayat" yaşayan kişiler, iç kimliklerinin çatışmasının sonucunda da atalete düşebilirler. Kim olmak istediğinize, kimliğinize, kültürel tercihlerinize bir an önce karar verip, kendinizi boşlukta bırakıp çelişkilerle hayat enerjinizi tüketmeyin.
5. *Söylenmek yerine söylemeyi tercih edin.* İnsanlarla açık iletişim kurmak, akıldan geçen ile dilden çıkanın

farklı olmaması, olumsuz iç konuşmaları azaltacaktır. Korku ya da menfaat nedeniyle, düşündüğü ile söylediği farklı, gizli gündemi olan insanlar hep içlerinde kendi kendilerini yiyerek ömürlerini tüketirler.

Erteleme alışkanlığına sahip olmaktan doğan atalet ve başa çıkma yolları

Ertelemecilik, bir işin yapılması gereken zamanda yapılmaması, ileride yapılmak üzere ertelenmesidir. Erteleme alışkanlığı geleneksel ifadeyle "bugünün işini yarına bırakmak"tır. Ertelenen işler genellikle sıkıcı ve/veya zor işlerdir. Hayatta her zaman bir miktar ertelemenin olması kaçınılmazdır. Burada erteleme *alışkanlığından* bahsedilmektedir. Ayrıca erteleme ile işleri yetiştirememe de aynı şey demek değildir.

Ray Joseph "Zaman Yönetimi"[9] adlı kitabında erteleme alışkanlığı hakkında *"Yapmanız gereken ve sizin için büyük önem taşıyan işleri ertelemek, normalde alacakları zamanı ikiye, üçe katlayabilir. Bu durumun sebep olduğu, zamanınızın yapmanız gerekenlere yetmeyeceği düşüncesi, motivasyonu felç eder. Hiçbir şey yapmamak ya da önemsiz şeyler yaparak vakit geçirmek, esas yapılması gerekenleri, aynı kar küreğinin önünde bir dağ gibi biriken karlar misali birbirinin üstüne yığar"* diyor.

Bu durumun sonucunu ise "Kendi yarattığımız bu çıkmaza kısılıp kalmak bizi yavaş yavaş çılgına çevirir. Bilinçaltımız isyana başlar. Sinirli biri olup çıkarız, kendimizi sürekli baskı altında hisseder, kendimize hâkim olamayız. Etrafımızdakilere bağırıp çağırmaya başlarız, en önemlisi de kendimizden nefret ederiz. Bütün bunlar üretkenliği baltalar ve gereksizdir" diye özetliyor.

Aynı kitapta erteleme eğilimleri ile başa çıkma konusunda fikir yürüten uzman ve yazarların çözüm önerileri de derlenmiş:

- Hoşlanmadığınız işi önce yapın. En sevmediğiniz işi günün başında yapın.
- Ertelenmesi muhtemel işi parçalara ayırın. Zor ve büyük bir işi 10-30 dakikalık dilimlere ayırarak yapın. Bu zaman dilimi bitince o gün o işi bırakın.
- Kendinize bir bitim tarihi saptayın ve o tarihte bitirebileceğinize birileriyle bahse girin.
- İşi bitirdiğinizde kendinizi ödüllendireceğinize söz verin ve bunu yapın.
- İşleri parçalara ayırmak için geriye doğru çalışın. İşin istenilen sonucu tanımlayarak işe başlayın ve bundan önce ne gelmesi gerektiğini sorarak devam edin.
- Büyük işleri küçük parçalara ayırdıktan sonra bunlara dönüm noktaları ekleyin ki ilerlemenizin farkında olun.
- Eksik bilgi ve belgeleri bahane etmeyin, elinizde ne varsa onunla yola çıkın.
- Sıkıcı ve sevimsiz işleri başkalarına görev vermeyi deneyin!

Bugün karşımızda duran zor ve sıkıcı işlerin pek çoğu geçmişte yapmayıp ertelediğimiz kolay ve küçük işlerin birikmesiyle oluşmuştur. Aynı şekilde bugün yapmanız gerektiği halde yapmadığınız bazı kolay ve küçük işler gelecekte karşınıza zor ve sıkıcı işler olarak çıkacaktır. Günümüzün en yaygın hastalığı olan zaman yetmezliği, erteleme eğilimleri ile birleşince yıkıcı sonuçlar yaratmaktadır.

Aşırı politik düşünmekten doğan atalet ve başa çıkma şekilleri

Türkiye gibi kötü yönetilen ve bu nedenle insana günde birkaç kez "Bu ülkede yaşanmaz" dedirten ülkelerde en büyük atalet kaynaklarından biri politik gelişmelerdir. Bizim gibi gelişmekte olan ülkelerde siyaset başta ekonomi olmak üzere çok şeyi etkilemektedir. Toplumun aşırı politize olması buna sebep olduğu gibi, siyasetin her şeyi bu kadar çok etkilemesi de insanların politize olmasına neden olmaktadır.

Bir hükümetin almış olduğu "akılsızca" kararlar bizi etkileyebildiği halde, biz hükümetin kararlarını etkileyemiyor ve değiştiremiyor olabiliriz. Örneğin su içmek, kitap okumak, bir mağaza kiralamak, e-mail'leri cevaplamak gibi işlerin yapılıp yapılmaması kendi elimizdedir. *Bir de hayatımızı etkileyen ama bizim denetimimizde olmayan durumlar ve kararlar vardır.* Üniversite sınavı ile ilgili alınan bir karar üniversite adaylarının hayatını etkiler ama ortalama bir üniversite adayı bu kararı beğenmedi diye, onun değiştirilmesini sağlayamaz. Aynı şekilde vergi oranlarını artıran bir kanunun çıkması işadamlarının iş başarılarını etkiler ama sadece bir işadamı yasayı beğenmedi diye değiştiremez.

İnsanlar hayat başarılarını etkileyen ama kendi ellerinde olmayan kararlara karşı farklı tepki gösterirler. Bazıları politikaya ilgisini tamamen keser, iş ve iç dünyasına döner. Bazıları ise tamamen politize olmaya, "memleketi kurtarmaya" karar verir, iş ve iç dünyasını göz ardı etmeye başlar. Bu konudaki ideal tavır nedir?

Stephen Covey'in geliştirdiği "ilgi alanı-etki alanı" ayrımı iyi bir ölçü sunar. Hayatta ilgilenebilecek sınırsız sayıda konu vardır. Bu konulardan bazılarıyla ilgilenir, bazılarıyla ilgilenmeyiz. İlgilendiğimiz konular ilgi alanımızı, ilgilenmediğimiz konular ise "ilgisizlik alanlarımızı" oluşturur. İlgi alanımıza baktığımızda bazı konuların bizim denetimimizde olduğunu, bazılarının ise olmadığını görürüz. Örneğin ilgi alanımızda ulusal borçlanma, nükleer savaş, çocuklarımız, işyeri sorunları gibi konuların olduğunu varsayalım. Ulusal borçlanma ve nükleer savaş konusu bizim etki ve denetim alanımızın dışındadır. Oysa diğerleri etki ve denetim alanımızın içindedir.

Covey, etkili insan olmak için zaman ve enerjimizi etki alanımız üzerinde iyileştirme yapmak için kullanmamız gerektiğini söylüyor. Buna da "proaktif odak" diyor. Proaktif insanların bir şeyler yapabilecekleri alanlar üzerinde çalıştıklarını vurguluyor.

Oysa insanların büyük bir çoğunluğu proaktif değil reaktif odaklıdır. Şeytan taşlamaktan ibadet etmeye zamanları ve enerjileri kalmaz, atalete düşerler. Reaktif odaklılar *ilgi alanlarının içinde, etki alanlarının dışında* olan konulara odaklanmaktadır. Covey, bu tür kişileri söyle anlatır: "Dikkatlerini başkalarının zayıflıklarına, çevredeki sorunlara ve denetleyemedikleri koşullara verirler. Seçtikleri odağın sonuçları; suçlayıcı davranışlar, reaktif bir dil ve gitgide artan bir yenilmişlik duygusu olur. O odaktan yayılan negatif enerji, bu kişilerin bir şeyler yapabilecekleri alanları ihmal etmeleriyle birleşince, etki alanları da küçülür."

Türk toplumu çounlukla proaktif değil, reaktif odaklıdır. Bütün zihin enerjisini kendi etki alanının dışındaki gelişmeleri değiştirmek için harcayan, buna karşın asıl yapması gereken işleri özensizce yapan ya da asıl görevini yapmaya enerjisi kalmayan insanları çevrenizde çok sık görebilirsiniz. Sürekli birilerini suçlarlar, başkalarının işlerini ne kadar kötü yaptıklarından bahsederler, buna karşın kendi işlerini iyi yapmak için hiçbir çabaları yoktur.

Konuştuğunuz kişi bir öğretmense okul müdürü olsaydı neler yapacağını anlatır durur. Kendi işini daha iyi yapmak için neler yapabileceğini sorduğunuzda, bir üniversite sınavı birincisi çıkarmak için neler yapması gerektiğini sorduğunuzda ciddi bir fikri yoktur. Çünkü üzerine düşünmemektedir! Okul müdürü ise, il milli eğitim müdürü olsaydı sorunları nasıl çözeceğini düşünmektedir! Milli eğitim müdürü bakan, bakan ise başbakan olduğunda neler yapabileceğini düşünür! Bu tür kişiler daha üst düzeyde olsalardı ne yapacaklarını düşünmekten, mevcut pozisyonlarının gereklerini de yerine getiremezler. Bu da başarısız olmalarına, o makamlara gelememelerine neden olur.

Türkiye'de en güçlü atalet oluşturucu faktör politik yorumlardır. Çünkü hayatımızı derinden etkilese de politik kararlar kontrol ve denetim alanımızın dışında kalırlar. Hayatımızı derinden etkileyecek bir karar, bize sorulmadan alınınca bu durum bizlerde çaresizlik, "ne yapsam boşuna"lık duygusu oluşturur. Bu inanç ve duygular da kişileri eylemsizliğe sürükler.

Yapılması gereken zaman ve enerjimizi öncelikli olarak etki alanımıza odaklamaktır. Türkiye'nin "kurtarılamamasının temel" nedeni Türklerin kendi mesleklerini en iyi şekilde yapmak yerine memleketi kurtarmaya çalışmalarıdır! *Şu Alman atasözünü unutmayın: "En büyük vatanseverlik mesleğini en iyi şekilde yapmaktır." Almanya'yı iki dünya savaşında yenilmesine rağmen, yine de dünyanın en büyük birkaç ülkesinden biri yapan felsefe bu cümlede gizlidir.* Dünyayı değiştirmeyi ya da Türkiye'nin tüm ulusal ataletlerini kırmayı düşünenler bunu yapmaya *kendilerinden* başlamalıdır.

Özetle, aşırı derecede politize düşünmek, hayatınızı etkileyen ama kontrolü sizin elinizde olmayan şeylere fazla önem vermek, kendi elinizde olan şeyleri iyi yapmanızı engelleyerek, yılgınlığa ve atalete neden olur. *Siz elinizden gelenin en iyisini yapın, zamanla elinizde olmayan faktörlerin de sizin lehinize döneceğini göreceksiniz.* Çünkü elinizden gelenin en iyisini yaptıkça başarılı olacaksınız, başarılı oldukça da çevrenizdekiler başarınızdan yararlanmak, sizinle "aynı kareye gelmek," sizinle ortak başarılar gerçekleştirmek için size destek olacaklardır.

Fizyolojik kaynaklı atalet ve başa çıkma şekilleri

Ataletli kafa ataletli vücutta bulunur. Çevik kafa çevik vücutta bulunur.

Bedenimizi kullanma şeklimiz ile atalet oluşumu arasında ciddi bir ilişki vardır. Ana beden duruşumuz neler hissettiğimizi, ne hissettiğimiz neler yapacağımız ya da yapmayacağımızı belirler. Omuzlar çökmüş, gözleri ayak ucuna bakan, "kamburu çıkmış" halde dolaşırsınız, bu "yaşam yorgunu" beden duruşunun iki sonucuyla karşılaşırsınız.

1. Vücut kimyanız negatif salgılar yaparak kendinizi daha da kötü hissetmenizi sağlayacaktır.
2. Karşınızdaki insanlar vücut dilinizden sizin "hayat enerjisi düşük" biri olduğunuzu düşüneceklerdir. İş başvurusunda sonucu tahmin edebilirsiniz! İnsanların size yaşam yorgunu gibi davranmaları ruhunuzu daha da yoracaktır.

Çözüm ne? Duruşunuzu değiştirin! *Fiziksel duruşunuzu değiştirmenizin, psikolojik durumunuzu değiştirdiği yapılan araştırmalarda kanıtlanmıştır.* Daima başınızı ve omuzlarınızı dik tutun. Edip Akbayram'ın bir türküsünde dediği gibi *"Başın öne eğilmesin!"*

Uyku fiziksel ve zihinsel atalet hali oluşumunda çok etkili olan bir diğer unsurdur. Uykusuz olduğunuz durumlarda zihninizde genel bir isteksizlik ve moralsizlik hali oluşacaktır. Bu ruh durumu insanların eyleme geçmesini engellemektedir. Aynı şekilde aşırı uyumak da kişilerde rehavet ve tembellik oluşturarak atalete neden olmaktadır. O halde yapılması gereken, kişinin kendisi için ideal uyku miktarını bulması ve bu miktarda uyumasıdır.

Fiziksel zindeliğin, zihinsel zindelik de yarattığı bilinen bir gerçektir. Spor fiziksel ataletleri kırar. Fiziksel ataletlerin kırılması, o ataletlere bağlı çalışan zihinsel ataletleri de ortadan kaldırır. Ataletten kurtulma planınızı koşarken yapmaya ne dersiniz?

Beslenme de atalet oluşumunu engellemekte dikkat edilmesi gereken noktalardandır. C ve B vitamini eksikliği ya da dengesiz beslenme, fiziksel enerji düşüklüğüne, halsizliğe ve yorgunluğa neden olabilmektedir. Bu tür durumlar da kişileri eylemsizliğe ya da yavaşlığa itmektedir. Doktorunuza size önereceği vitamin takviyesini sormakla işe başlayabilirsiniz. Sağlıklı yaşam kitaplarından bedene ve zihne enerji veren yiyecekleri öğrenip bunları mönünüze ekleyebilirsiniz.

Fizyolojik ve psikolojik atalet birbirini besler. Fizyolojik atalet psikolojik ataleti, psikolojik atalet de fizyolojik ataleti yaratır. Atalet döngüsü böylece büyür, güçlenir. Bu döngü fizyolojik ve psikolojik halkalarına müdahaleler ile kırılabilir. Fizyolojik ataleti dağıtmak için, spor yapmak en güzel yollardan biridir. Psikolojik ataleti dağıtmak için de coşkulu bir seminer veya moral veren bir kitap ya da film iyi gelebilir. Bu kitap ataletle mücadelede ağırlıklı olarak psikolojik müdahale araçlarını tanıtmıştır.

Rekabetsizlikten doğan atalet ile başa çıkmak

Kapitalist ülkelerdeki ataletin sosyalist ülkelerden daha az olmasının nedeni rekabettir. Özel sektör kurumlarındaki ataletlerin kamu kurumlarındaki ataletlerden daha az olmasının sebebi de budur. *Doğası gereği rekabete açılamayacak olan Adalet Bakanlığı'nın bir tür "atalet bakanlığı" gibi yavaş çalışmasının nedeni de rekabetin olmamasıdır.* Rekabet, hareket ve dinamizm yaratarak ataletin oluşmasını engeller.

Her rekabetin ataleti kırmayacağı da bilinmelidir. Çünkü rekabetin yapılma şekli de rekabetin kendisi kadar önemlidir. *Rekabet oyununun kuralları adil değilse, yeteneğe ve liyakata dayanmıyorsa, hakem tarafsız değilse rekabet istenen sonucu getirmeyebilecektir.* Rekabet insanlara emeklerinin karşılığını almalarını, içlerindeki potansiyeli kullanmalarını, kendi güçleri ve becerileri ile hak ettiklerini almalarını sağladığı için insanları çabalamaya teşvik etmektedir.

Kişisel ataletleri yenmek için rekabet nasıl kullanılabilir?

Amerika'nın efsanevi çelik kralı Andrew Carnegie'nin sağ kolu olan Charles Schwab, çalışanlar arasında rekabet yaratılarak ataletin nasıl kırılacağını ve performansın nasıl da artırılabileceğini zekice bir yol bularak göstermiştir. Kurt Hanks'ın "İnsanları Motive Etmek"[10] adlı kitabında olay şöyle anlatılıyor:

"Charles Schwab, bir gün üretim seviyesi berbat olan bir kumaş fabrikasından yardım için çağrıldı. Fabrikanın müdürü 'kitaplarda yazan her yolu' denemiş fakat üretim seviyesini yükseltememişti.

Schwab bir an mesele üzerine düşündü; sonra yere tebeşirle kocaman bir 6 yazdı. Daha sonra çekip gitti, gece vardiyasının işçileri geldiğinde, yerdeki rakamı gördüler ve 'Bu nedir?' diye sordular. Gündüz vardiyasında çalışanlar 'Bu bizim bir günde yapabildiğimiz üretim birimini gösteren rakam' diye cevap verdiler. Gece vardiyası çalışanları 'Yaa öyle mi,' dediler 'biz bunu geçeriz.' Ertesi sabah gündüz vardiyasında çalışanlar, yerdeki 6 rakamının silinip yerine 7 yazılmış olduğunu gördüler. Gündüz vardiyası çalışanları onlardan aşağı kalacak değildi. Şimdiye kadar hiç çalışmadıkları şekilde çalıştılar. Günün sonunda yere inanılmaz bir rakam yazdılar: 10! Üretim görülmemiş bir şekilde yükselmeye devam etti."

Yanlış çalışma alışkanlığına sahip olmaktan doğan atalet ve başa çıkma yolları

İnsanların çalış(tırıl)ma şekli ile atalet oluşumu arasında önemli bir ilişki bulunmaktadır.

İki türlü çalışma şekli vardır: iç çalışma ve dış çalışma. İç çalışma, zihnimizin içinde, iç dünyamızda yaptığımız faaliyetlerdir. Dış çalışma ise dış dünyada, beynimizin dışında yaptığımız faaliyetlerdir. Bazen ikisini de aynı anda kullanırız bazen ise birisi baskındır.

İşleri iki gruba ayırabiliriz: içe dönük çalışmayı gerektiren işler ve dışa dönük çalışmayı gerektiren işler. Örneğin yazı yazmak, beste yapmak, benzersiz bir kıyafet modeli tasarlamak içe dönük faaliyetlerdir. Badana yapmak, otomobil kullanmak, fotokopi çekmek gibi işler ise dışa dönük faaliyetlerdir. Her iki türde de hem beyin hem de beden kullanılmaktadır. Ancak içe dönük çalışma gerektiren faaliyetlerde beyin daha baskın, diğerinde ise beden daha baskın olarak kullanılmaktadır.

İnsanlara iş verilirken ya yoğun olarak içe dönük çalışma gerektiren işler ya da yoğun olarak dışa dönük çalışma gerektiren işler verilmelidir. Aynı anda iki farklı türde işi yapması istenmemelidir. İnsanı verimsizliğe ve eylemsizliğe sürükleyen en önemi şeylerden biri insanlara "aynı anda" hem içe dönük hem de dışa dönük faaliyet yapmasını gerektirecek işler yaptırmaktır. Bir sekreterden aynı anda hem içe dönük çalışma gerektiren kitap tashihi (düzeltme) işlemi hem de dışa dönük çalışmayı gerektiren sık sık çalan telefona bakmasını istemek bu duruma iyi bir örnektir. Başarılı tashih için algıların içe dönük, başarılı telefon takibi için algıların dışa dönük olması gerekir.

Kendi işlerinizi planlarken de, ya yoğun olarak içe dönük dikkat gerektiren işleri ya da yoğun olarak dışa dönük dikkat gerektiren işleri yapmanız önerilir.

Kapalı devre düşünmekten doğan entelektüel atalet ve başa çıkma yolları

Hepimiz kafamızın içinde olanı yaşarız. Kafamız çok karışıksa, hayatımız da karışık olacaktır. Kafamızın içi donuksa, hayatımız da donuk olacaktır. Kafamızın içinde neyi çok düşünürsek, hayatımızda onu çoğaltırız. *Balığın baştan kokması gibi, insan da "kafadan" atalete düşer.* Düşüncelerimiz duygularımızı, duygular davranışlarımızı, davranışlarımız sonuçlarımızı, sonuçlar da hayatımızı hantallaştırır.

Entelektüel atalet, beyindeki "buzlanma" nedeniyle kişinin donuk ve tutuk bir zihinle yaşamasıdır. İleri düzeyde entelektüel atalet yaşayan kişileri nereden tanıyabilirsiniz? Yeni bir şey öğrenmezler. Yeni bir şey düşünmezler. Yeni bir şey konuşmazlar. Zihin haritaları, gerçeğin arazisine uymaz. Fikirlerini hiç değiştirmezler. Hep aynıdırlar. Beyinleri buzlanmış gibidir. Kafalarının içinde fikir kaynamaz. Hayatı ezbere yaşarlar ve ezberlerini bozmamak için yeni şeyler öğrenmezler.

Karşınızdaki kişi Richard Baker'in deyimiyle "hiçbir şey bilmiyor, bilmediğini de bilmiyor ve bilmediğini bilmeyi de istemiyorsa" onun için yapabileceğiniz pek bir şey yoktur. Bırakın, kafasının içindeki kasvetli kafesinde mutlu mutlu yaşasın! Konfüçyüs de bunu öneriyor: "Bilmeyen ama bilmek isteyen çocuktur, öğretin ona. Bilen ama bildiğini bilmeyen uykudadır, uyandırın onu. Bilmeyen ve bilmediğini bilmeyen aptaldır, sakının ondan. Bilen ve bildiğini bilen liderdir, izleyin onu."

Duygusal atalet düşündüğünü yapmamaktır. Entelektüel atalet ise yaptığı (veya yapmadığı) şeyler üzerine düşünmemek-

tir. Entelektüel atalet yaşayan kişiler hayatlarında bir şeylerin eksik ve yanlış olduğunu hissederler ama dikkatli bir araştırmaya bunu bulup değiştirmeye çaba göstermezler. *Düşünmeden yaşar, yaşadıkları üzerine düşünmezler. Bazen de o kadar çok düşünürler ki, düşünceleri içinde boğulur hiçbir şey yapmazlar.* Tipik özelliklerinden biri yeni kararlar alamamalarıdır. Ayaklardaki hareketsizliğin temel nedeni de kafadaki bu karışıklıktır.

Entelektüel ataletin sonuçlarından biri de öğrendiklerini gündelik hayatında kullanmamak, bildiklerini uygulamamaktır. Bizler uygulandığı zaman, gündelik hayatta kullanıldığı zaman işe yarayan kitaplar yazıyoruz. Bu kitap dahil, kendini geliştirme ile ilgili teknik öğreten bir kitabı okur ama içindeki teknikleri uygulamazsanız kitap sadece "bilinçlendirme" fonksiyonu görecek, asıl amaç olan "geliştirme" işlevini yerine getiremeyecektir. Öğrendiğiniz her yeni teknik üzerine *"Bunu gündelik hayatımın neresinde kullanabilirim?"* diye düşünme alışkanlığı geliştirin.

Entelektüel kondisyonunuzu korumak için neler yapabilirsiniz?

Zihinsel antrenman türünden yapabileceğiniz faaliyetler şunlardır:

- *Karar verdiğiniz bir periyotta düzenli olarak yazılar yazın.* Eldivenden merdivene, kıta sahanlığından sahanda yumurtaya kadar her konuda olabilir. Hatta "sevgili günlük" diye başlayan günlükler bile işe yarar. Yazmak insanlara duru düşünme ve zihnini toplama imkânı kazandırdığı için yararlıdır.
- *Her ay en az bir kitap okumanız önerilir.* Kitap okumak zihnin maratonudur. Zihinsel antrenman yapmak,

beyninizin formunu korumak için kitap okumak çok iyi bir yoldur.

- *Beyninizin nasıl çalıştığını anlatan kitaplar okuyun.* Beynin nasıl çalıştığı hakkında kitapta anlatılanları kendi beyninizin içinde gözlemlemeye çalışın.
- *Hayatınızda mutlaka bir ansiklopedi ve sözlük okuyup bitirmiş olmalısınız.* İç dünyanızın genişliği bildiğiniz kelime sayısı kadardır. Sözlükler kelime haznenizi zenginleştirir.
- *Bir özdeyiş kitabı alın ve her gün birkaç dakika okuyun.* Öğrenmeyi ve düşünmeyi sevdiren en ideal yöntem budur. Kolay, etkili ve zevklidir. En iyi özdeyiş kitapları ise Nüvit Osmay'ın "Düşünce Atlası" ve İsmail Özmen'in "Dünya Düşünce Antolojisi" adlı kitaplarıdır.
- *Okurken zihninizi zorlayan bir kitap bulun ve her gün birkaç sayfa okumayı alışkanlık haline getirin.* Bu kitap kuantum fiziği ya da diyalektik analizin felsefesi üzerine olabilir. En az üç ay bunu sürdürebilirseniz zihin kalitenizin hissedilir derecede geliştiğini görebilirsiniz. Bu tür kitaplar okumaya başladıktan bir süre sonra arkadaşlarınızla konuşurken sıkılacak olmanız üzücü tabii!
- *Mutlaka bir gündelik gazete okuyun.* Beş yıl boyunca her gün ciddi bir gündelik gazete okuyanların, bu sürenin sonunda bir üniversite mezununa denk genel kültür seviyesine ulaştığı yapılan araştırmalarda ortaya çıkmıştır.
- *Karşılaştığınız yaşam hallerini kendi içinizde tartışın.* Bunun anlamı ne? Bu durumda başkası ne yapardı?

Neden o öyle yapardı da ben böyle yapıyorum? Niye kendi kendime bu soruları soruyorum? Böyle yaşamak beni nereye götürecek? Hayatın anlamı ne? Bu yazar bana neler yaptırıyor böyle?!

- T. Henry Huxley'in *"Her alanda bir şeyler bilin, bir alanda her şeyi bilin"* kuralını izleyin. Bir konuda uzman olun ama her konudan da bir şeyler öğrenin.

Kitap okuma oranının düşüklüğü entelektüel ataletin Türk toplumunda ne kadar yaygın olduğunun bir göstergesidir. *"Kurnaz insanlar okumayı küçümser. Basit insanlar ona hayran olur. Akıllı insanlar ise ondan faydalanır,"* diyen Bacon, nasıl okumak gerektiğini şöyle anlatıyor: "Yalanlamak ve reddetmek için okuma. İnanmak ve her şeyi kabul etmek için de okuma. Konuşmak ve nutuk çekmek için de okuma. Tartmak, kıyaslamak ve düşünmek için oku."

SON ADIM: ÇEVİK ADIMLARLA YÜRÜMEK!

Hâlâ bu kitabı okumaya başlamadan önceki noktada mısınız? Kitabı okumaya tam buradan başlamadıysanız muhtemelen cevabınız "Hayır"dır! İçindeki hiçbir uygulamayı yapmamış olsanız da sadece okumuş olmak "bilinçlendirme" düzeyinde sizi geliştirecektir. Kitaptaki uygulamaları yaparak buraya kadar gelmişseniz, atalet hakkında sadece bilinçlenmemiş, aynı zamanda onu yenmek için yapmanız gerekenler hakkkında deneyim de kazanmış oldunuz.

Şimdi en baştaki soruyu sizin *ataleti yenmeyi başarma* mücadelenize göre yeniden soralım mı?

- Ataletten gerçekten kurtulmak istiyor musunuz? Evet!

- Ataleti yenmek için neler yapmanız gerektiğini biliyor musunuz? Evet!
- Bunları niçin yapmanız gerektiğini biliyor musunuz? Evet!
- İsterseniz nasıl yapabileceğinizi biliyor musunuz? Evet!
- Ataletten kurtulmazsanız neler kaybedeceğinizi biliyor musunuz? Evet!
- Ataletinizi yenerseniz neler kazanacağınızı biliyor musunuz? Evet!
- Sizi durduran ne? Atalet!

Ataleti yenmek için neyi yenmeniz gerekiyor? Ataleti!

Her şeyi en baştan özetleyelim. Başarılı olmak için bir şeyler yapmak gerekiyor. Bir şeyler yapmak için ataleti yenip harekete geçmek gerekiyor. *Peki ataleti yenmek için ne gerekiyor? Komik ama gerçek, ataleti yenmek için de ataleti yenmek gerekiyor!* Bir tür psikolojik 'matrix' ile karşı karşıyasınız!

'Matrix'in mesajı: "Kendi yolundan çekil!"

Bu psikolojik 'matrix'in en büyük sırrını vermek istiyorum.

Kitabı buraya kadar okuduğunuza göre, bunu hak ediyorsunuz :))

İşte o sır:

Ataletli olduğunuz için harekete geçmiyor değilsiniz, harekete geçmediğiniz için ataletli oluyorsunuz!

Basit, komik, ama gerçek!

Atalet harekete geçmemek demektir. *Harekete geçtiğiniz anda, tam anda, o yerde ataletinizi yendiniz demektir.* Diğer bütün çözüm önerileri sadece sizi bu adımı atmaya hazırlar. *Nihai adımı atacak olan, kendinizi kendi içinizden ileri itecek olan sizsiniz.* Ataleti içinizden söküp atmak için ne yapabilirsiniz? Harekete geçebilirsiniz! Her şey çok basit, kalkın ve yapmanız gerekeni yapın!

Her şey bu kadar basit aslında.

Ataleti yenmek, kalkmak ve yapılması gerekeni yapmaktır.

Bunu ben sizin yerinize yapamam.

Neden yapamayacağımı anlamak için kendinizi benim yerime koyup düşünün bakalım.

Harekete geçmeyen bir insanı nasıl harekete geçirirsiniz? Diyelim ki ona "Kendini harekete geçirmenin on adımı" diye bir "reçete" yazıp verdiniz. Bu on adımı uygularsa, ataletini yenip harekete geçecek. Sorununu çözebildiniz mi? Hayır! Çünkü o kişi ataletini yenip atak bir insan olmaya *karar* vermemişse, verdiğiniz listeyi buzdolabının kapağına asar, şöyle birkaç gün bakar ve bir süre sonra size döner *"O listedeki on maddeyi yapmam gerektiğini, biliyorum. Ama yine de yapamıyorum. Ataletimi yenmem için yapmam gerektiğini söylediğiniz şeyleri yapmak için de ataletimi yenmem gerekiyor. Ama ben ataletimi yenemiyorum. Ne yapmalıyım?"* der.

Ona *"Ataletinizi yenmek için yapmanız gerekenleri kendinize yaptırabilmeniz için yapmanız gereken on şey"* diye yeni bir liste verdiniz varsayalım, bir önceki adımda yaşananlar muhtemelen tekrar yaşanacak ve bu süreç sonuçsuz bir şekilde sürüp gidecektir. O kişinin eylemsizliği devam edecektir.

Burada problem nedir?

Ataleti yenmek için de ataleti yenmek gerekiyor!

O halde ne yapmalı?
Ataletle boğuşmayıp direkt harekete geçmeli!

Ataletli Olmak Bir Tercihtir

Bu kitabı yazarken 'en' büyük korkum, insanların eylemsizliklerinin suçunu üzerine atacakları bir atalet canavarı yaratmaktı! İnsanların "Yapmam gerekenleri yapmamamdan ben sorumlu değilim, içimde bir atalet canavarı varmış, onun yüzünden hiçbir şey yapmıyormuşum" demeleriydi.

Evet, içinizde bir atalet canavarı olabilir, ama o sizden bağımsız değil, sizden başkası da değil. Demek istiyorum ki, içinizdeki atalet de, ataletli de sizden başka biri değil, sizsiniz! İçinizdeki ataletliyi tanıyın ve ayağa kaldırın! *Siz o ataletli yanınızdan ibaret değilsiniz ama o içindeki atalet hali sizden bağımsız biri değil!* O, sizin bir parçanız. Sizi engelleyen, ruhunuzun yorgun yanı.

Bu noktada Montaigne'in *"Her insanda insanlığın bütün halleri vardır" sözünü hatırlatmak isterim.* Her insanın içinde az ya da çok miktarda, iyilik de kötülük de, şefkat de şiddet de, korku da cesaret de, erdem de ikiyüzlülük de bulunur. *İnsanın karakter kimyasında her elementten biraz vardır. Her insanda tembellik de çalışkanlık da bulunur. Önemli olan içimizdeki çalışkanlık parçasını bulmak ve güçlendirmektir.* Atalet de, hareket de içimizde var. Bu çatışan iki özellik düşünce terazimizde tartılırken, parmağımızı hangisinin tarafına koyarsak, o tarafımız kazanır ve davranışımızda onu görürüz.

Atalet ya da hareket halinde yaşamak bir tercihtir. Bu iki seçenekten hangisini seçeceğiniz size kalmış. Biz seçimlerin sonucunu gösterdik. Bundan sonra tercihi yapacak olan sizsiniz. Her iki seçenek için de çeşitli haklı nedenler olabilir. *Ama dünyada, hak eden değil hareket eden kazanır!* Bulunduğunuz yerden memnun değilseniz, sizi istediğiniz yere götürebilecek olan şey ataletin durakları değil, hareketin yollarıdır.

Ataletin panzehri: 3-H iksiri!

Atalet halinde yaşayan bir kişinin hayatında eksik olan üç şey vardır: Hareket, Heyecan ve Hız!

Ataletin panzehri harekettir.

Hareket etmek ataleti dağıtır. Atalet beynin buzlanması, bedenin paslanması halidir. Birazcık hareket bu donukluğu dağıtmaya yeter. Hemen harekete geçin! Nasıl harekete geçebileceğinizi, ataletten nasıl kurtulabileceğinizi düşünürken bile oturduğunuz yerde düşünmeyin, kalkın ve yürüyerek düşünün. Okuduklarınız üzerine parkta koşarken düşünün. Hareketli yaşamak sadece ataleti engellemez, şansı da artırır. Atatürk bu yüzden der ki: "Talih her zaman hareket edenden yanadır."

Ataletin ikinci panzehri heyecandır.

Heyecan bedenimizin pozitif canlılık halinde olmasıdır. Bu pozitif canlılık hali atalete düşmeyi engelleyen, kişi ya da kurumları diri tutan bir tür "elektrikli" atmosferdir. *Emerson "Heyecan duyulmadan büyük işler başarılamaz" der.* Heyecan atalet oluşumunu engellediği için kişisel ve kurumsal duygu repertuarında sürekli bulunması gereken bir duygudur. Ataletkıran insanlar *kendinden şarjlı* olmak zorundadır. Onlar, üzerine gelen nehirden elektrik üreten hidroelektrik santralları gibi, kendisini durdurmak ve yıpratmak için önüne konan engellerle mücadelesinden enerji üretir.

Ataletin üçüncü panzehri, hızdır!

Hızlı bir hayat, ataletin yakalayamayacağı kadar tempolu ve çevik çalışmaktır. O kadar hızlı yaşayın ki, hantal bir yaratık olan atalet, sizi hiçbir zaman yakalayamasın. Hep ileriye doğru akın. Akış hızınız hayatın ortalama hızının ötesine geçtikçe , atalet arkanızda kalacaktır. Hızlı yaşarken bir noktaya dikkat edin, gerisinde akıl olmayan hız, kaynakların gereksiz amaçlara harcanmasına, aşırı yorgunluğa ve verimsiz sonuçlara neden olarak kişiyi asıl amacına yönelik harekete geçmekte atalete düşürebilir. Buna aktif atalet diyorum. *Aktif atalet zamanını, enerjisini ve kaynaklarını gereksiz amaçlara harcamaktan dolayı asıl amacını gerçekleştirmeye zaman, enerji ve kaynak bulamamaktır.*

O halde, önce ataletimi yeneyim, sonra hızlı, heyecanlı ve hareketli bir hayatım olacak diye düşünmeyin, hızlı, hareketli ve heyecanlı bir hayat yaşadığınızda ataletinizi yenebileceksiniz. *Bu 3-H'ye katılabilecek, dördüncü H ise hırs olabilir. Hızlı, hareketli ve heyecanlı bir hayat yaşama hırsı!* Tutku sizi ataletten korur. Voltaire hırsın kendisinin değil, dozunun önemli olduğunu rüzgâr benzetmesiyle anlatır: *"Hırs bir geminin yelkenini şişiren rüzgâra benzer, fazlası gemiyi batırır, azı da olduğu yerde bırakır."*

Son adım: "Kalk ve yap!"

Bir kez daha hatırlatmak istiyorum:

Ataletli olduğumuz için harekete geçmiyor değiliz, harekete geçmediğimiz için ataletli oluyoruz.

Bu kitapta okuduklarınız sizi ataleti yenmeye ve harekete geçmeye hazırladı, ama harekete geçecek olan sizsiniz.

Ataletten kurtulmak için kendinizi hâlâ hazır hissetmiyorsanız, hazır olma hislerinizi beklemeyin, herekete geçin.

Ataletten kurtulma mücadelenizde atalete düşmemelisiniz.

Ataletini yenemediği için ataleti yenemeyenlerden olmayın.

Ataletten kurtulmanın en iyi yolu, sanki hiç ataletli değilmiş gibi yaşamaktır.

Kalkın ve bir şeyler yapın.

Tutkulu yaşayın.

Bu kitabın tüm içeriğini iki kelimeye indirseydim, o iki kelime ne olurdu? *Kalk ve yap!*

İngilizce meali: "*Just do it!*"

Kalkmalı ve bir yerlerden bir şeyler yapmaya başlamalı.

Tevfik Fikret'in dediği gibi:

"Uğraş, didin, düşün, ara, bul, koş, atıl, bağır.
Durmak zamanı geçti, çalışmak zamanıdır."

"Kalk ve yap!"

Ataletin en iyi çözümü budur, kalkın ve yapın! *Yapmanız gerekeni yapın, isteseniz de istemeseniz de yapın!* Ataletten kurtulmanın en iyi yolu harekete geçmektir. Harekete geçmek için, ataletten kurtulmayı beklemeyin. Ataletli de olsanız, hareketli yaşayın. Gezin, çalışın, gülün, zıplayın, spor yapın, çevik yaşayın. Sanki ataletsizmiş gibi yaşadıkça, ataletin sizi terk ettiğini göreceksiniz.

Artık başarı yolunda giderken önünüzde atalet durakları ve hareket yolları olduğunu biliyorsunuz.

Atalet ya da hareket, seçim sizin!

Sizin için, size göre, sizin tarafınızdan tasarlanmış bir hayat umuduyla.

Dilerim, en çok istediğiniz şeyler hiç beklemediğiniz anlarda gerçekleşir.

Sizi Prof. Dr. Fuat Başgil'in efsanevi bir cümlesiyle uğurluyorum: "*Üşenmeyin, ertelemeyin, vazgeçmeyin.*"

Karakterli ve hareketli kalın.

Nokta!

M.S.

Dipnotlar

1. Telsiz ve Radyo Amatörleri Cemiyeti'nin hazırladığı bir dokümandan alınmıştır.
2. Kesin İnançlılar- Eric Hoffer- İm Yayınevi.
3. Gençlerle Baş Başa- Ali Fuat Başgil-Yağmur Yayınları
4. Renklerle tedavi/ Ted Andrews/ Arıtan Yayınları
5. Etkili İnsanların 7 Alışkanlığı- Stephen Covey - Varlık Yayınları
6. Rahatlık Tuzağını Aşmak -Windy DRYDEN, Jack GORDON - Rota Yayınları
7. Yankı Yazgan ile ataleti yenmek konusunda yapılmış özel bir görüşmede yapılmış bir açıklamadır.
8. Rekabetüstü- Edward De Bono/ Remzi Kitabevi
9. Zaman Yönetimi-Ray Joseph –Epsilon Yayınevi
10. İnsanları Motive Etmek-Kurt Hanks-Alfa Yayınları

Çaresizlik öğrenilmiştir. Başarılı olmak da öğrenilebilir. Sende sandığından fazlası var! Gelebileceğin en iyi yerde değilsin. Yeni bir hayat için gereken, yeni bir akıldır. Doğru şeyi yapmak için yanlış zaman yoktur. Rüzgârı suçlamayı bırak, yelkenleri kullanmayı öğren! Seyirci koltuğundan sıkıldıysan, sahneye çık. Zirvede her zaman bir kişiye daha yer var. Başkaları yapabildiyse, sen de yaparsın. Her şey seninle başlar! Hayatta ya tozu dumana katarsın, ya da tozu dumanı yutarsın. Seçim senin! (HSSB Türkçe'deki en çok satan sosyal başarı kitabıdır. 5.baskı toplam 350.000 adet.)

HER ŞEY SENİNLE BAŞLAR **5. Baskı**

"Ya Bir Yol Bul, Ya Bir Yol Aç, Ya da Yoldan Çekil", hayat amaçlarını profesyonelce belirlemek, hayatını planlamak ve kontrol altına almak isteyenler için hazırlanmıştır. Kişisel potansiyeli tam olarak kullanabilmek, hayatının yönünü ve yolunu bulmak isteyenler için hazırlanan kitabın amacı, telkin vermek değil, teknik öğretmek. Bu kitap, başarı yolculuğunda; yola çıkmak isteyenlere, daha iyi bir yol arayanlara, çıkmaz sokağa girmiş olanlara kılavuzluk edecek bir başarı haritasıdır.

YA BİR YOL BUL YA BİR YOL AÇ... **9. Baskı**

Başarı Üniversitesi'nin konusu, başarılı bir öğrenci olmak! Lise öğrencileri ve üniversite adayları için yazılan bu kitapta, 'Hayat okulunda başarı' üzerine yazdığı kitaplarıyla tanınan Mümin Sekman, 'Okul hayatında başarı' üzerine görüşlerini açıklıyor. Üniversite sınavını kazanmak! Hayatın ilk büyük unvan maçına hazır mısın? Baskı altında sakin kalabilecek misin? Derslere konsantre olabilecek misin? Kendi kendini motive edebilecek misin? İrade gücünle kendini çalıştırabilecek misin? Sınav kaygısıyla nasıl başaçıkacaksın? Yeterince verimli öğrenebiliyor musun?

BAŞARI ÜNİVERSİTESİ **7. Baskı**

İş dünyasında 'ezber karıştıran' hızda değişimler yaşanıyor. Ayakta ve hayatta kalmanın kuralları yeniden yazılıyor. Artık büyük balık küçük balığı değil, hızlı balık yavaş balığı yutuyor! Puma kadar atik, esnek ve hızlı hareket edebilen 'çevik şirketler' kazanıyor. Hantallaşmış 'fil firma'lar kaybediyor. Kurumsal ataletin nedenleri, belirtileri, çözüm yolları ve 'ataletsavar' liderlerin stratejileri bu kitabın konusu. Çevik bir şirket olmak için insanları, teknolojiyi, süreçleri, yapıyı, kültürü nasıl değiştirmek gerektiği anlatılıyor.

6. Baskı ÇEVİK ŞİRKETLER

Alanında ilk ve tek olan "Türk Usulü Başarı", Türk kültürünün kendine özgü başarı anlayışını analiz etmektedir. Üç yıl süren bir araştırma ile, "Türk Başarı Kültürü" ile ilgili tarihi belgeler, istatistiki bilgiler, halen yaşayan başarılı kişilerin görüşleri, ilgili akademik araştırmalar ve geliştirilen özel anketlerle tespit edilen kamuoyu görüşleri bir araya getirilmiştir. Türkiye şartlarında başarılı olmak için neleri bilmek, nasıl biri olmak, hangi kurallara uymak gerekiyor? Başarının "made in Turkey" kuralları bu kitapta.

6. Baskı TÜRK USULÜ BAŞARI

Kesintisiz Öğrenme, "bilgi, öğrenme, başarı," üçgeninde bir insanın neyi, nasıl yapması gerektiğini anlatıyor. "Öğrenmeyi öğrenme" kavramının anlatıldığı bu kitapta daha hızlı, daha kolay ve daha kalıcı öğrenebilmek için kullanabileceğiniz teknik ve stratejileri bulabilirsiniz. "Hayat okulunda en çok lazım olan bilgiler, okul hayatında öğretilmeyenlerdir." diyenler bu kitapta yaşadıkça öğrenme ilkelerini bulabilecekler. Daha başarılı öğrenmek ve öğrenerek başarmak isteyenlere...

8. Baskı KESİNTİSİZ ÖĞRENME
